KB039963

스무 살, 내 감정의 빛

스무살, 내 감정의 빛

초판 발행   2023년 2월 28일 (초판 1쇄)

지은이   윤경민
펴낸곳   헤르몬하우스
펴낸이   최영민
인쇄제작   미래피앤피

주소   경기도 파주시 신촌로 16
전화   031-8071-0088
팩스   031-942-8688
전자우편   hermonh@naver.com
등록일자   2015년 03월 27일
등록번호   제406-2015-31호

ISBN   979-11-92520-29-2　(03190)

스무 살, 내 감정의 빛

윤경민 지음

헤르몬
HERMONHOUSE

프롤로그

       어른이 되면 행복할 줄 알았습니다. 그렇게 어른
이 되길 바랐고 어른이 되었습니다. 그러나 행복보다 먼저
찾아온 것은 불안함이었습니다. 결국, 행복이란 누군가 만
들어 주는 것이 아닌 내가 스스로 만들어야 한다는 것을 깨
달았습니다.

이 글은 행복해지고 싶은 한 스무 살의 이야기입니다.
행복해지기 위해서 방황하고 도전하고 실패하고 넘어지는
청년의 이야기입니다.

솔직한 나의 이야기를 담았고 이 글을 통해 저와 같은 고민을 하는 청소년들에게 위로가 되었으면 좋겠습니다.

지난해 11월, 사)국민독서문화진흥회 주관 독서경영 및 독서교육 시상식이 있었다. 모든 시상식을 마치고, 행운권 추첨이 끝날 무렵, 이제 남은 행운권은 단 한 장, 50만 원 상당의 야나두 영어회화 쿠폰! 그 행운의 주인공은 이제 막 전역을 한 지 얼마 되지 않은, 아직은 머리가 짧은 한 청년이었다. 그가 바로 〈스무 살, 내 감정의 빛〉을 쓴 윤경민 청년 작가이다.

내가 가르치는 숭실대 독서경영전략학과 대학원생 제자의 아들이며, 이날 엄마의 시상을 축하하며 꽃다발을 전해주러 왔다가 행운권 추첨의 마지막 주인공이 되었다. 조금은 마른 체형에 아직은 여드름이 채 가시지 않은, 선한 인상의 청년이었다.

전국의 군부대에서 수많은 장병을 만나며 서평 쓰기 강의를

해 왔다. 윤경민 군이 주로 군대에서 틈틈이 자신의 삶을 한 권의 책으로 엮은 것에 더욱 인상 깊었다. 취사병으로 남들보다 더 부지런히 새벽을 깨우고, 졸린 눈으로 사지방(사이버지식정보방)에서 글을 쓰며 힘든 군 생활을 잘 이겨낸 것에 축하와 큰 격려를 보낸다.

길지 않은 인생이지만 짧지도 않은 인생, 청년의 시기에 특히 군 복무 시절에 자신의 책을 출간하겠다는 결심을 하고 자신만의 목표를 정해 전역과 동시에 결실을 맺는 모습이 더욱 값지다. 어른들이 다 보지 못한, 스무 살, 갓 어른이 된 청년의 시각으로 이 시대를 바라보며 자신의 생각을 잔잔히 전하는 모습에 울림을 준다. 이 시대의 청년들에게 특히, 군에 있는 청년들에게 글쓰기의 힘과 자신의 삶을 더욱 소중히 여기며 매 순간을 의미 있게 살고자 애쓴 모습이 큰 도전과 희망이 되리라 믿는다.

더 나아가 어른으로 살아가고 있는 우리의 삶도 다시 돌아보며, 군 복무를 준비하거나 군 복무 중인 청년들, MZ 세대를 이해하고 싶은 부모 세대들이 꼭 읽어야 할 책으로 적극

추천한다. 책 읽는 장병, 독서 하는 청년이 이 나라의 미래를 열어갈 것이다. 그러기에 스무 살 청년 작가가 쓴 책이라는 이유만으로도 〈스무 살, 내 감정의 빛〉은 한 청년의 다양한 감정의 빛을 들여다볼 충분한 가치가 있다.

- 숭실대학교 중소기업대학원 독서경영전략학과 주임교수 김을호

운영하던 대화모임에 첫 발걸음을 했던 경민 씨의 모습이 생생합니다. 아주 굵은 목소리로 예의 바르게 인사를 했고 천천히 사람들과 모임 곳곳을 관찰하더군요. 그의 눈은 겁을 먹거나 불편한 감정이 아니었습니다. 오롯이 사람들을 향한 관심과 호기심의 눈빛이었습니다.

사실 어른들이 가득했던 모임에 중학생이 자발적으로 온다는 것은 정말 이례적인 일입니다. 또래와 놀기에 바쁘고, 뭔가 가르치려 하는 어른들을 기피하는 것이 더 자연스러운 일이니까요. 경민 씨는 남달랐습니다. 어떤 모습의 어른이건 존중했고, 어른들의 고통이 스며든 인생 이야기들에 자

신의 진심을 담아 공감의 말을 쏟아냈습니다.

경민 씨에게 공감받은 어른들은 눈물을 흘리며 자신의 자녀들에게 공감받는 느낌이라면서 감사하다는 말을 했습니다. 누구보다 사람을 향하고, 마음을 열어 환대하는 청년, 경민 씨의 스물이라는 시간은 어떻게 남다를지 기대하게 됩니다.

이 책에는 경민 씨의 청소년기의 고민과 인생이 담겨 있습니다. 웃음이 나기도 하고, 기특하기도 한 소년 경민과 청년 경민이 오버랩 됩니다. 어른이어도 어른 같지 않은 사람들이 많아서 진정한 어른을 찾는 이 시대에 스스로 어른이 되고자 자신의 삶을 충실히 걸어가는 꿈 꾸는 한 청년을 만나게 될 것입니다. 경민 씨의 스물을 힘차게 응원합니다.

- 엘컴퍼니 대표, 연세대학교 겸임교수 조에스터

먼저 북카롱 대표 윤경민의 첫 책을 진심으로 축하드린다. 선생님이나 누군가의 추천과 강요가 아닌 청소년 자발적인 독서동아리 북카롱. 북카롱은 만들어진 지 어느새 5년이 넘고, 지금은 6년째 접어든다.

내 청소년 시절은 북카롱과 함께 했다. 막연히 책을 읽으면 좋겠지라는 생각으로 시작했는데, 재미있었다. 책을 다 읽지 않아도 되고, 내 생각을 정리하며 편하게 이야기할 수 있는 좋은 공간이 되어주었다. 아무리 바빠도 매달 모임에 꼭 참여하려고 했고, 그 덕분에 점차 교내 글짓기나 입시 자소서 쓸 때도 매달 읽은 독서가 많이 도움이 되었다.

이 책은 10대, 20대가 느낄 수 있는 감정을 솔직하고 진솔하게 담아내었다. 방황하던 시기와 그때만 가질 수 있는 다소 철없지만 진지한 고민은 이 나이를 거쳐왔던 사람들이라면 누구나 공감할 수 있을 것이다. 책을 읽으며 나의 철 없던 시기에 대해서도 생각해볼 수 있었다.

이 책은 본인에게 솔직해지고 내가 하고 싶은 것에 대해 다양하게 생각해 볼 수 있는 기회를 준다. 꾸밈없이 쓴 〈스무 살, 내 감정의 빛〉은 현재 방황하거나 자기 생각을 스스로 알지 못하는 청년들이나 청년들의 생각을 알 수 없어 소통에 어려움을 겪는 부모님과 교육자들에게 추천하고 싶다.

- 청소년 독서동아리 북카롱 회원

고등학교 2학년인 아들이 갑자기 자퇴를 선언했다. 가슴이 철렁했다. 학교 가서 배우는 것은 욕밖에 없다고... 학교 공부도 따라갈 수 없고, 시간낭비라고 했다. 우리 아이 성적은 솔직히 대학과는 아주 먼 성적표였다.

우리는 놀란 가슴을 쓸어 담고, 최대한 침착하게 경민이의 이야기를 들었다. 그리고 타협을 했다. 일단 고등학교 졸업장은 가져야 한다고... 최소한의 졸업 일수만 맞추고 나머지는 학교 가지 않아도 된다고 했다. 당장 다음날부터 학교도 안 가고 신나게 놀기 시작했다. 솔직히 부모 속은 터지고 아슬했지만, 우리 부부는 안 다치고 학교 잘 갔다 집에만 잘 들어오면 그것으로 만족한다는 철학(?)이 있었기에 그 시간들을 함께 견뎠다.

11

또래 친구들이 대학입시 준비로 한창일 때, 열심히 종로에 있는 요리학원에서 빵을 만들고, 취미로 보컬도 배우고, 댄스도 배우고, 친구 따라 마술도 배우고, 고3 여름방학 때는 혼자 부산여행도 갔다. 이상하게 불안하지 않았다. 그냥 살아있어 열심히 무언가 자기 일을 하는 아이가 대견하고, 어디선가 배운 마술로 우리를 즐겁게 해 줄 때마다 열심히 박수를 쳐 줬다. 그때 '대한민국 청소년, 5등급도 행복할 수 있다'는 책을 써야 하는 건 아니냐고 농담했는 것이 생각난다.

경민이를 낳고 기르며 20년 세월이 훌쩍 흘렀다. 군 입대를 하며 책을 써 오겠다고 하더니 전역 후 정말로 책을 써왔다. 신기한 일이다. 아들이 쓴 책을 보며 우리가 몰랐던 많은 부분을 알게 되었다. 고맙고 부끄러운 부분도 있다. 여전히 방황하고 비틀거리면서도 자신의 삶을 충실히 가꾸어 가는 아들의 노력에 먼저 박수를 보내주고 싶다. 언제 이렇게 컸냐며 꼬옥 안아주고 싶다.

〈스무 살, 내 감정의 빛〉은 하루에도 수십 번 다양한 감정의 곡선을 그리며 살아가는 현대인들에게 인생은 불완전하지만 살아볼 만한 세상임을 건네주는 위로의 이야기이다. 삼포, 오포로 여느 때보다 힘든 시기를 보내고 있는 청년들과 그 부모들에게 마지막 판도라 상자가 남긴 감정이 '희망'이었음을 생각나게 하는 책이 되길 바라며, 곡 쓰고 글 쓰는 예술가로 살아가는 아들의 삶을 언제나 기도하며 응원한다.

- 윤경민의 아빠 윤인찬, 엄마 김혜경

PART

I

독서

내가 책을 좋아하게 된 계기는 바로 내 의지로 책을 읽은 순간이었다. 특별한 이유는 없었다. 책이라는 것이 왜 좋다고 말하는지 궁금했고, 책을 읽는 사람이 멋있어 보였기 때문이다. 그냥 집에서 거실 바닥에 굴러다니는 책 하나를 주웠다. 그 책은 아이러니하게도 나와 전혀 관계없는 경제학책이었다.

그 책을 보며 기억에 남는 것은 단 하나이다. '왜 성공한 사람만이 책을 쓴다고 생각하는 것인가, 책을 써서 성공할 수도 있다.'라고 했던 어느 1인 기업가의 경제학책이었다. 다 읽고 나서도 무슨 내용인지는 하나도 기억에 남지 않는다. 그저 유일하게 기억된 한 문장이었다. 그리고 이 문장이 지금 내가 책을 쓰게 만들어 준 출발점이기도 하다.

처음 본 이 책은 나에게 정보와 지식을 준 것이 아니다. 그냥 책 한 권을 다 읽었다는 뿌듯함과 성취감, 그것만으로 나는 말할 수 없는 희열을 느꼈다. 그 감정을 다시 느끼고 싶어 책을 조금씩 읽기 시작했다. 고교 시절 학교가 멀어서 매일 같이 왕복 2시간 동안 버스를 타고 다녔다. 그 시간에 책을 읽는 것이 좋았다. 사람들은 이해할 수 없을 것이다. 왜 흔들리고 정신없는 버스 안에서 책을 읽는 것인가?

정말 부끄럽지만, 그 당시 학생이었던 나는 외적인 부분에 관심이 많았다. 책 읽는 나 자신이 참으로 멋져 보일 것으로 생각했다(아, 2017년도의 윤경민 쉽지 않았다). 그래서 사실 제대로 책에 집중하기보다는 그런 시선들에 집중했다. 제대로 된 독서라고 말할 수 없다. 그런데 아이러니하게도 그러한 나의 행동들이 습관이 되어 점점 책에 빠져들었다. 남의 시선을 의식하며 하나의 액세서리로 사용하던 책이 어느새 온전히 내 생각의 폭을 넓혀 주는 보석 같은 존재로 바뀌고 있었다. 참으로 놀라웠다.

낯간지럽지만 늘 주변에서 "어떻게 그렇게 친구가 많냐?"고 물어온다. 인정한다. 난 주변에 친구가 많다. 그러나 처음부터 많은 것은 아니었다. 어릴 적 왕따도 당해보았고 흔히 말하는 꼽[1]도 많이 먹어보았다. 그렇게 상처받고 상처 주며 인간관계에 서툴렀고, 그랬던 나를 바꾼 것이 바로 책이었다. 인간관계에 관련된 책이었는데 그 책에서도 기억나는 딱 한 가지, '말하지 말고 들어라' 그거 하나만 기억하고 실천하였다. 그 결과 누군가와 트러블이 생기는 일이 거의 없어졌고 주변에 더욱 많은 친구가 생겼다. 책이 가진 힘과 매력을 알게 되는 순간이었다.

책을 통해 변화된 내 모습을 보니 책이 더욱 좋아졌다. 소설, 인문학 등 여러 분야의 책을 읽었고 그중에서도 내가 제일 많이 읽은 분야는 에세이였다. 남의 생각을 직설적으로

---

1 꼽주다(신조어) : 시비를 걸 목적으로 하는 행동

볼 수 있는 것이 참 재미있었고, 나를 더 성장시키고 발전시키는 느낌을 받을 수 있어 참 좋았다. 또 다른 책들에 비해서 길이가 길지 않아 부담도 없었다.

그렇게 점점 책과 친해지던 중 한번은 학교 친구가 말했다.

"경민아, 나 요즘 책에 관심이 생겼어!"

그 말을 들은 난 너무 기분이 좋아서 얼떨결에 독서 동아리 이야기가 툭 튀어나왔다.

"어? 그럼 우리 독서 동아리를 만들어 볼까? 혼자 읽는 것보다 함께 나누면 더 재밌겠는데?"

그날 이후 곧장 책에 관심이 있는 친구 한 명을 더 섭외해 세 명이 독서 동아리를 만들었다.

독서 동아리는 흔히 볼 수 있지만, 우리 동아리는 남달랐다. 책에 부담을 느끼지 말고 가볍게 즐길 수 있는 동아리가 되었으면 좋겠다고 생각했다. 마치 책이 부담 없는 한 입 거리 간식 같은 느낌이었으면 좋겠다고. 그래서 '북카롱(책 BOOK 과 마카롱을 합친 말)'이란 이름을 만들었다. 그렇게 탄생한 북카롱은 엄숙한 분위기 속 주제를 정해 이야기하거나 찬반을 나눠 토론하는 것이 아닌, 그저 책 하나를 통해 나올 수 있는 모든 소재를 이야기하는 자유로운 동아리가 되었다.

예를 들어 '책 표지가 마음에 들지 않는다', '제목이 이상하다.', '책이 너무 두껍다.', '이 인물이 이해가 가지 않는다.' 등등 엉뚱하고 비판적인 시각에서부터, '스토리가 마음에 든다', '묘사가 마음에 든다', '우리 사회와 비슷하며 요즘 이슈가 되는 이야기라 공감된다' 등등 긍정적이며 넓은 시각으로도 보는 자유로운 동아리의 모습이었다. 그 때문에 원하는 부분만 읽어 와도 소통할 수 있었고, 아예 읽어오지 못하는 친구들도 모임을 하는 데 큰 문제는 없었다. 3명에서 시작한 동아리가 현재 14명이 되었다.

그렇게 소속도 지원도 없이 그저 친구들과 책을 읽어보자는 취지에서 만든 동아리였는데도 불구하고 돌아보니 지금까지 꾸준히 버티고 달려온 동아리가 되었다. 심지어 내가 군대 다녀올 동안에는 다른 친구에게 맡겼는데도 그 친구가 잘 이끌어주어 지금까지 매달 한 번씩 단 한 번도 쉬지 않고 유지되는 동아리가 되었다. 이렇게까지 올 수 있었던 이유는 자유롭고 부담 없는 독서 동아리의 매력 덕분이라고 생각한다.

지금은 '갈현청소년센터'에 자리 잡아 지원도 받으며 모임을 하고 있다. 전에는 그냥 동네 카페 혹은 우리 집에 모여 이야기를 나누었다. 살면서 뭐 하나 꾸준하게 해본 적이 없었는데 놀랍게도 북카롱은 고딩 때 시작하여 5년이라는 긴 시간 동안 한 번도 무너진 적이 없는 유일한 모임이다.

군대를 전역하고 과거에 해왔던 힙합 크루, 교회 그 외에도 속했던 공동체에서 많이 멀어진 것 같아 아쉬웠는데 유일하게 독서 모임은 그런 생각이 들지 않았다. 그냥 내가 없는 동안에도 잘 달려와 준 북카롱 친구들에게 고마울 따름이다. 그동안 많은 책을 읽어왔고, 그 책이 모두 좋은 책이었고 나에게 큰 영향을 주었다고는 말할 수 없다. 그러나 책을 읽은 순간, 나는 그 순간을 단 한 번도 후회한 적이 없었다. 책은 나를 여기까지 오게 만들었고 내가 글을 쓰게 만들었다. 광화문 교보문고에 가면 이런 글귀가 있다.

'사람은 책을 만들고 책은 사람을 만든다.' 참으로 멋지고 공감되는 문장이다. 책은 나를 만들었다. 이젠 내가 책을 만들 시간이다.

사람은 책을 만들고,

책은 사람을 만든다.

친구

세상에서 가장 재미있고 흥미로운 것은 무엇이라고 생각하는가? 여행? 게임? 핸드폰? 여러 가지가 있겠지만 나는 '사람'이라고 생각한다. 예측할 수 없고 관계 속에서 다양한 감정을 느낄 수 있기 때문이다. 예전이나 지금이나 나에게 사람이란 가장 좋아하고 미워하며 소중한 존재다.

때는 중학생. 당시 나는 친구의 수에 대하여 강박감을 가졌다. 많은 친구를 사귀고 싶었고 요즘 말로 '인싸'가 되고 싶었던 평범한 중학생이었다.

반에는 항상 한두 명씩 인기 있는 친구들이 있었다. 그런 친구들을 보면서 부러움과 질투심이 생김과 동시에 동경했다. 내 주변에 친구가 없는 것도 아니었지만, 많은 친구를 이끌고 다니는 친구들이 부러웠다. 지금 생각하면 참 답답하고 이해 안 되는 나의 모습이었다. 그러나 당시 나는 열등감도 컸고, 친구에 대한 욕심이 많았다.

어딜 가든 주인공이 되고 싶었던 나의 마음은 점점 커져만 갔다. 누굴 만나든 내 친구로 만들기 위해서 노력했다. 학교에서나 학원에서나 혹은 친구들 사이에서도 항상 중심이 되고 싶었고, 모든 친구가 나의 의견을 따라주기를 바랐다.

내가 지금 만나고 있는 이 친구가 어떤 친구인지 나랑 잘 맞는 친구인지 무엇을 좋아하는지 그런 것은 중요하지 않았다. 그저 내 친구가 한 명 추가되었다는 것, 길에서 만나면 인사하는 친구라는 것, 나의 SNS 따봉 하나를 더 눌러줄 친구라는 것, 그 때문에 이기적이기도 했고 다른 친구들에게 상처를 준 적도 많았다.

스무 살, 내 감정의 빛

많은 친구를 사귀려고 하다 보니 정작 챙겨주어야 하는 친구를 못 챙겨주는 일도 생겼고 그렇게 떠나간 친구들도 많다. 그런데도 나는 더 많은 친구를 만들기 위해 계속 노력했고 그 과정에서 타인에 대한 이해와 배려는 없었다.

시간이 지나면서 올바른 방법은 아니었지만, 친구를 많이 만들기 위한 나의 노력으로 주변에 많은 친구가 생겼다. 페이스북에 사진을 올리면 전보다 늘어난 따봉 수를 볼 수 있었고, 전보다 많아진 따봉 수는 나를 더 기쁘게 만들었다. 또 복도를 걸어가면 여러 친구와 인사를 할 수 있었고, 그 과정에서도 역시 희열을 느꼈다.

한번은 친구가 "너는 왜 그렇게 친구가 많아? 부럽다."라고 말했는데 기분이 좋아 날아갈 뻔했던 기억이 난다. 정말 내가 인싸가 되었고 뭐라도 된 것 같다는 생각이 들었다. 그러나 그것은 나의 착각이었다.

언젠가 부모님이 일이 있으셔서 집을 비우셨다. 기회다 싶어 우리 집에서 파티하자며 친구들을 재운 적이 있었다. 그

때 왔던 친구들이 총 17명이었다. 거실부터 내 방 심지어 화장실 가는 길까지 안방을 제외하고는 모든 자리가 꽉 찼다. 지금 생각하면 어떻게 그렇게 친구들을 불러 재울 생각을 했는지….

그 당시 나는 참 대단했다. 그렇게 다 같이 모여 놀고 이야기하며 즐겁게 지냈다. 하지만, 그 속에서 주인공은 내가 아닌 다른 친구였다. 분명 초대하고 모은 사람은 나였지만, 정작 내가 친구들 사이에 끼지 못하고 겉돌았다.

나중에 생각해 보니, 당시 친구들은 내가 필요하기보다 우리 집이 필요했을 수도 있겠다는 생각이 들었다. 참 웃픈 건 그때 온 17명 친구 중에서 지금까지 연락하는 친구들은 단한 명도 없다.

그때 왔던 17명 중 한 명이었던 중학교 친구를 버스에서 만났다. 서로 얼굴을 봤지만 어색해서 인사 한번 하지 않았다. 결국, 사람은 넓게 사귀는 것도 좋지만 중요한 것은 깊이라는 것을 깨달았다. 100명을 알아도 정작 내 속마음 하나 얘기할 1명이 없다면 그것을 좋다고 볼 수 있을까?

스무 살, 내 감정의 빛

지금은 나를 좋아해 주는 사람들을 챙기고 싶다. 같이 있으면 그냥 행복한 그런 사람. 나 역시 그런 사람이 되어주고 싶다.

진정한 행복은 우정의 깊이와

소중함으로 판단할 수 있다.

– 벤 존슨 –

취미

평소에 즐겨 하고 좋아하는 취미가 있는가? 그렇다면 그 취미를 시작한 계기는 무엇인가? 대부분 재미있어 보여서 또는 누군가의 추천으로 시작하지만, 때로는 예상하지 못한 부분에서 취미를 발견할 때도 있다.

중학교 시절, 친구가 내 삶의 전부였던 시기. 그 당시 공부를 좋아하지도 않았고 마땅한 취미도 없었기에 보이는 건 주변의 친구들뿐이었다. 당시 나는 어떤 친구가 있느냐보다 몇 명의 친구가 있느냐에 집중하고 살아왔다. 그래서 항상 친구가 많으면 많을수록 좋다고 생각하였고, 많은 친구를 사귀기 위해서는 많은 것을 할 줄 알아야 했다.

보통 친구들이랑 놀 때 피시방 혹은 노래방을 가게 된다. 평소에 게임을 크게 즐기는 편은 아니지만, 당시 게임은 친구들 사이에서 빠질 수 없는 문화였기에 자연스럽게 시작했고 자연스럽게 빠져들었다.

음악도 마찬가지였다. 원래 힙합이라는 장르를 좋아하지 않았지만, 친구들을 따라 노래방을 가고 친구들이 랩 하는 것을 보면서 '나도 친구들이랑 같이 노래 부르고 싶다.'라는 생각이 들었다. 그때부터 힙합을 접하며 랩을 시작하게 되었고 하다 보니 랩이 좋아져 어느 순간부터는 친구들 사이에서 '랩 잘하는 친구'로 불리고 있었다.

그 외에도 친구들과 시간을 보냄으로써 더 많은 취미와 특기들이 생기기 시작하였다. 한 번은 한 친구가 우리 반에 놀러 와서 마술을 보여주었는데 주변 친구들이 모두 즐거워하는 것을 보고 바로 마술을 시작했다. 그 당시 나의 최고 관심사는 친구였고 '어떻게 하면 더 많은 친구와 친하게 지낼 수 있을까?'라는 단순한 고민이 아무런 재능이 없던 나를 빛나게 만들어 주었다.

처음에는 모두 시간 낭비이고 차라리 그 시간에 공부했다면, 내 인생이 더 나아졌을 거로 생각했었다. 하지만 다시 돌이켜 생각해 보니 친구들을 통해서 내가 좋아하는 것을 찾고 새로운 것을 경험하는 순간들이 지금의 나를 만들었다고 생각한다.

뭐든 쓸모없는 취미는 없다. 잘못된 중독이 아니라면…. 단순한 취미가 직업이 되고 잘하는 일이 될지 누구 알겠는가? 취미로 시작했던 작곡은 전공이 되었고 글쓰기는 취미를 넘어 출판을 바라본다.

현재는 마술과 춤이 취미이지만 나중엔 마술사 혹은 댄서가 될지 나도 나를 모르겠다. 그러나 그 길을 걸어가게 된다면 그 또한 소중하고 값진 경험이 되리라 생각한다.

나의 개인적인 취미는

독서, 음악감상, 침묵이다.

-이디스 스트웰-

꿈

　　친구들을 통하여 얻게 된 여러 가지 취미 중 내
가 가장 좋아했던 것은 음악이었다. 항상 친구들과 노래방
을 가면 먼저 예약하는 나를 볼 수 있었고, 어느 순간부터
혼자 노래방을 가는 날도 많았다. 보통 노래방에 가면 발라
드나 힙합 둘 중 하나를 부르기 마련인데, 나는 아이돌 음악
이 좋아 아이돌 음악을 주로 불렀다.

당시도 방탄소년단 음악이 유행이었는데, 노래방을 가면 항
상 방탄소년단의 곡을 부르고 왔었다. 방탄소년단의 노래를

통해 방탄소년단에 관심이 생겼고, 그들의 모습을 보며 '와 진짜 개 멋있다.'라고 감탄하며 순간 아이돌이 되고 싶다는 생각까지 들었다.

처음에는 그저 호기심이었지만 볼수록 아이돌의 음악과 춤이 멋있어서 '진짜 아이돌을 해야겠다.'라고 다짐하며 아이돌에 대한 꿈을 갖기 시작했다. 물론 거울을 볼 때마다 '하, 답이 없는데….' 하며 현타가 오기도 하였지만 태어나서 처음 가져본 꿈이자 목표이기에 도전해 보기로 하였다.

당시 중학교 3학년인 나에게 아이돌이 될 방법은 두 가지가 있었다. 하나는 기획사 오디션을 보는 것이고, 나머지 하나는 예고에 들어가는 것이었다. 오디션은 너무 어려워 보여 예고에 들어가는 것을 선택하였다.

예고 입시를 위해 강남에 있는 학원에 등록했다. 아이돌을 하려면 일단 노래를 잘해야 하므로 보컬을 배우기 시작했다. 보통 보컬학원에 다니면 먼저 레벨 테스트라는 것이 있어서 나에게 얼마만큼의 실력이 있는지를 평가하는 시간이 있다. 나는 당시 자이언티의 『양화대교』라는 곡을 준비했고, 자이언티의 목소리를 최대한 모창하며 불렀다. 그리고 난 뒤 집에 가며 레벨 테스트의 결과를 보았는데 '아주 심각함'으로 적혀 있었다.

그때까지 나는 노래를 잘하는 줄 알았는데 매우 심각하다니…. 너무 당황스러운 순간이었다. 어릴 적 곧잘 콩쿠르 대회 나가서 상을 받은 경험이 있었기에, 아주 심각함은 정말로 심각하게 느껴졌다.

심각한 실력을 살리기 위해 매주 한 번씩 강남에 가서 보컬 레슨을 받았다. 선생님은 천천히 기본기부터 알려주셨고 나에게 맞는 노래를 추천해주셨다. 나는 분명 아이돌 노래가 하고 싶어서 예고 입시를 준비하는 것인데, 발라드 노래를 연습하라고 해서 조금 답답했다. 물론 입시를 준비하는 것이기 때문에 내가 좋아하지 않아도 해야 한다는 생각이 들었으나 느린 템포와 서정적인 멜로디의 발라드는 나에게 너무 힘든 장르였다.

결국, 연습을 잘 하지 않아 매주 갈 때마다 선생님께 혼났다. 그 외에도 복식호흡, 발성 연습, 스케일 연습 등 지루한 연습을 계속해야 했고, 그마저도 재미없고 힘들어서 제대로 하지 않았다.

실기 위주로 이루어진 예고는 특기를 보는 곳도 있어 보컬 시험이라도 다른 특기를 하나 더 준비해 가야 했다. 특기는 연기, 춤 등 여러 가지가 있었고, 그중 춤을 선택했다. 아무래도 연기는 너무 어려워 보였다. 마침 또 추고 싶었던 방탄소년단의 안무가 있었기에 춤을 특기로 선택했다. 그때 내가 선택한 춤은 방탄소년단의 『불타오르네』라는 곡이었는데 그 곡의 에너지가 너무 좋았고, 안무도 너무 멋있어서 선택했다.

춤은 따로 레슨받지 않고 스스로 독학했다. 뒤늦게 예고 입시를 준비하는데 춤까지 레슨받겠다고 하기에는 부모님께 재정적으로 부담을 드릴까 죄송하기도 했다.
보컬이 연습 부족이라면 춤은 그냥 재능이 없었다. 사실 이끌어주는 선생님이 없었기 때문에 더 부족할 수도 있었다. 유튜브 영상에 방탄소년단 『불타오르네』 안무 영상을 틀어놓고 방안에서 연습했다.

방안에 거울은 없었지만, 밤이 되면 밖이 어두워져 창문에 내가 비치기 때문에 창문 속 내 모습을 보며 안무 연습을 했다. 참 신기하게도 춤을 출 때는 '내가 정말 잘 추고 있구나!'라는 생각이 들었는데, 영상을 촬영하고 보면 수산시장에서 갓 잡아 올린 낙지 한 마리가 꿈틀거렸다.

그렇게 시간은 흘러 예고 시험 날이 다가왔다. 엄마는 나를 응원해주었고, 나 또한 자신감을 가지고 함께 학교로 갔다. 첫 시험은 서울공연예술고등학교였는데 지금도 아주 유명한 탑 예고 중 하나이다. 정국(BTS), 슬기, 조이(Red Velvet) 등 다양한 연예인을 배출하기도 하였고, 재능있고 멋있는 학생들이 많기로 유명하다.

대기실에 들어와서 주변 친구들을 둘러보았다. 모두 노래를 잘할 것 같이 생겨 많이 쫄고 있었다. 떨리던 심장이 멈추기도 전에 내 차례가 다가왔고, 지금까지 연습했던 대로 최선을 다해 노래를 불렀다. 그렇게 시험은 끝이 났고, 처음으로 쾌감을 느꼈다. 무언가에 도전했다는 나 자신이 기특하기도 했고 뿌듯하였다. 그리고 대망의 결과는 '불합격'.

사실 처음이기도 하고, 크게 기대하지도 않아 편하게 받아들였다. 아쉬워할 새도 없이 바로 한림연예예술 고등학교에 시험을 보러 갔다. 한림예고에도 많은 아이돌 출신들이 있는데 대표적으로 유나(ITZY) 민지(NewJeans) 등이다.

한림예고 대기실에 들어갔을 때 매우 예쁜 선배님들이 있어서 순간 '아, 무조건 합격해야겠다'라고 생각했다. 이번엔 떨려서가 아닌 아리따우신 선배님들 때문에 심장이 뛰었고, 역시 심장이 멈추기 전에 내 차례가 다가왔다.

두 번째 시험이다 보니 긴장이 좀 풀렸고 최선을 다해 노래를 불렀다. 한림예고는 서공예고와는 다르게 특기를 같이 평가하기에 준비한 춤을 보여줄 수 있었다. 그렇게 방탄소년단의 『불타오르네』 곡의 전주가 흘렸고 빰! 티티딕 틱, 소리와 동시에 맹수 같은 눈빛을 하며 심사위원들을 쳐다보았다. 열심히 춤을 추었고 심사위원들의 밝은 미소를 볼 수 있었다. '아 됐다.'라는 느낌이 왔지만, 결과는 '불합격'.

이해가 되지 않았다. '분명 심사위원들이 웃었는데…' 떨어진 이유에 대해 궁리하던 중 보컬 선생님이 진실을 알려주셨다. 선생님은 그동안 참았던 방귀를 시원하게 뀌듯이 말했다.

"너 춤 진짜 못 추더라. 지난번에 춤 보여주었을 때 웃음 참느라 죽는 줄 알았다. 야. ㅋㅋㅋ"

나를 시원하게 털었다. 아, 그제야 떨어진 이유와 심사위원들이 보여주었던 미소의 의미를 알 수 있었다.

그 후로도 계속 준비해보았지만 좋은 결과를 얻지 못했다. 결국, 일반고에 가기로 노선을 변경했다. 비록 방탄소년단처럼 되지는 못하였지만 멋진 도전을 펼친 방황소년단이 될 수 있었다.

꿈이 없었던 내가 처음으로 가져본 꿈, 그 속에서 많은 어려움도 있었지만 지금 돌아보면 참 소중한 추억이자 경험이었다.

그대의 꿈이 한 번도 실현되지 않았다고
가엾게 생각하지 마라. 정말 가엾은 것은
한 번도 꿈을 꿔 보지 않았던 사람들이다.

-에센 바흐-

방황

～◦●◦～

　　　고등학교 2학년, 무엇을 해도 재미가 없었고 학교생활도 지겨워 마음속에 공허함만 있던 시절이었다. 평소에 좋아하던 취미도 귀찮아져 핸드폰과 컴퓨터로 하루하루를 보냈다.

꿈이 없었다. 중학교 때 아이돌이 되고 싶었던 막연한 꿈조차 없어졌다. 학교에서 동아리 활동도 해보았고 친구들과 놀기도 하였지만, 돌아오는 감정은 공허함과 허무함이었다.

자퇴하고 싶었다. 공부에 의욕도 없고, 재미도, 배움도 없었던 학교가 감옥 같아 벗어나고 싶었다. 부모님께 자퇴하고 싶다고 말씀드렸다. 당연히 부모님은 반대하셨다.

당시 내 편을 들어주지 않았던 부모님이 미웠지만, 한편으로는 이해가 되었다. 막연히 자퇴해서 무엇을 할지 계획조차 없었던 내가 그냥 학교가 싫어 자퇴하겠다니…. 너무 어렸다. 그러나 부모님은 내 입장을 존중해주셨고 나를 이해해주셨다.

부모님과 이야기한 결과, 자퇴는 하지 않으나 유급이 되지 않는 선에서 졸업만 하자는 결론을 내렸다. 당시 2학년 1학기까지는 마친 상태라 2학년 2학기 대부분을 결석해도 유급이 되지 않았고, 더는 학교를 나가지 않아도 되었다. 그렇게 나의 진짜 방황이 시작되었다.

행복했지만 동시에 막막했다. 학교에 가지 않아도 되니 좋았지만, 정작 나에게 주어진 시간을 어떻게 사용해야 할지 몰랐다. 일단 이것저것 잡히는 대로 시작하였다. 학교 공부는 너무 싫었고, 예체능을 좋아했기에 평소에 좋아했던 피아노도 쳐보고 랩도 했다. 가끔 중학교 시절을 기억하며 방탄소년단 노래에 춤도 춰 보고 의미 있는 시간을 보내기 위해서 노력했다.

그러나 얼마 가지 않아 금방 지쳤다. 분명한 목적이 없었기 때문이다. 이렇게 노력해서 내가 무엇을 이루고 싶은지, 어떤 사람이 되고 싶은지 정확한 목표가 없었다.

목표를 세웠다. 먼저 이루고 싶은 큰 목표들을 적었다. 그리고 그 목표를 이루기 위해 내가 어떻게 살아갈지에 대한 목표를 또 세웠다. 그리고 어떻게 하면 효율적으로 시간을 사용할 수 있는지 구체적인 목표도 세웠다. 그리고 또…, 또… 목표를 세우는 나의 모습은 좋았지만 정작 실천하지 못했다.

작은 것부터 시작해야 하나 너무 크게 벌려놓은 목표와 계획은 오히려 나에게 부담감을 주었다. 결국, 다 갈아엎고 목표를 다시 세웠다. 진짜 하고 싶은 거, 지금 당장 할 수 있는 거 하나만 딱 정하자고 그렇게 다짐하며 고민 끝에 찾아낸 것이 바로 유튜버였다.

당시 노래를 커버하는 유튜버가 유행이었는데 노래 커버 영상은 간단한 컷 편집과 자막만 들어가면 되기에 제작도 어렵지 않았다. 무엇보다 내가 한창 랩에 빠져 있어 랩을 부르는 영상을 찍고 싶었기 때문에 더 끌렸다.

'Mnet'에서 방영하는 '쇼미더머니'와 '고등래퍼' 같은 힙합 프로그램이 인기가 많았고 프로그램 음원 역시 인기가 많았다. 나 역시 '쇼미더머니'와 '고등래퍼'의 음원들을 정말 좋아했고, 웬만한 가사는 다 외울 정도로 부르고 다녔다. 그렇게 랩을 연습하며 본격적으로 유튜버가 될 준비를 했다.

유튜브를 시작하기에 앞서 필요한 장비들이 있었다. 마이크, 오디오 인터페이스, 헤드셋 등 좋은 퀄리티를 위한 장비들이 필요했다. 그냥 MR 틀어놓고 핸드폰으로 찍어 올릴 수도 있었지만 대충하고 싶지 않았고, 멋있는 영상을 만들고 싶었다. 하지만 당장 돈도 없었고 학교마저 가지 않는 마당에 부모님께 장비를 요구할 수는 없었다. 결국, 알바를 찾아보기 시작했고, 운 좋게 작은 카페에 들어갈 수 있었다.

평생 일이라고는 해본 적이 없었기에 불안하기도 하고 걱정

되었다. 그러나 늘 집에만 틀어박혀서 흐리멍덩하게 시간을 보내다 무언가에 도전하고 나아간다고 생각하니 설레고 기대도 되었다. 그러나 현실은 쉽지 않았다.

일이라는 것을 처음 해보니 서툴기도 하고 부족한 부분도 많았다. 예전에 바리스타 자격증 공부를 한 덕분에 제조에는 어려움이 없었으나, 분업이 잘 되어 있는 다른 카페와는 달리 모든 일을 혼자 해야 했기에 부담스러웠다.

음료, 디저트를 제조하는 일부터 카운터를 관리하는 것, 재료가 떨어지면 마트에 가서 장을 봐야 했고 테이블을 닦고 설거지하고…, 정신이 하나도 없었다. 그중 가장 피곤했던 것이 손님 응대였다. 주요 고객들 대부분이 어린 학생들인지라 정신없고 피곤했다. 여러 가지로 힘들었지만, 음악 장비를 사기 위해서 하나하나 배워가며 일했고, 그렇게 3개월을 일하고 나왔다.

3개월 동안 모은 돈은 음악 장비를 사기에 충분한 금액이었고 원했던 마이크, 인터페이스, 헤드셋을 구매할 수 있었다. 내가 보여주고 싶었던 음악은 힙합이기에 랩도 하며 동시에 학교 동아리에서 배웠던 미디를 기반으로 비트도 찍어보았다. 지금 들으면 참 형편없고 부끄럽지만, '내가 참 행복하게 음악을 했었구나.' 하며 살짝 그리운 시절이기도 하다.

본격적으로 유튜브도 공부하고, 더 좋은 음질로 사람들에게 들려주고 싶은 마음에 믹싱도 공부했다. 좋은 퀄리티의 영상을 보여주고 싶어 영상편집도 공부했다. 배운 적도 없고 낯설었지만, 하고 싶은 것이 있으니까 저절로 공부하게 되었다.

공부하는 순간 문득 이런 생각이 들었다. 내가 살면서 공부라는 것을 내 의지로 한 적이 있었나? 그리고 깨달았다. 나는 공부를 싫어한 것이 아니라 학교 공부를 싫어했던 거구나!
음악 공부, 영상 공부, 유튜브 공부는 분명한 목표가 있었고, 하고 싶었던 꿈이 있었기에 누가 시키지 않아도 스스로 하게 된다. 그리고 공부가 즐거웠다. 배워가는 과정이 재미있었고, 정보 하나하나를 알아가는 것, 그것을 통하여 내가 원하는 결과를 만들 생각을 하니 설레고 기대되었다.

시간이 지나 충분한 컨셉과 지식이 잡혔다는 생각이 들어 본격적으로 유튜브를 시작했다. 먼저 커버할 노래를 찾았고, 당시 '고등래퍼2'에서 좋아했던 김하온과 박준호의 『어린왕자』라는 곡을 선택했다. 곡의 분위기나 래퍼들의 색이 마음에 들어 즐겁게 작업할 수 있었다. 먼저 랩을 녹음, 이후 영상을 찍고 녹음한 음원과 영상의 싱크를 맞춘 뒤 자막을 넣으면 완성! 간단한 작업 방식이기에 큰 어려움 없이 영상을 만들었고, 기대를 안고 나의 첫 영상을 업로드하였다.

몇 번을 돌려봤는지 모르겠다. 하나부터 열까지 내 힘으로 만든 결과이기에 더없이 소중했다. 주변 사람들에게도 홍보하고 여러 커뮤니티 사이트에도 홍보했다, 물론 기대와 다르게 조회 수는 크게 오르지 않았지만, 내가 하고자 하는 것을 도전했고, 원했던 꿈의 첫발을 디뎠다는 사실만으로 충분히 만족했다.

그렇게 석 달 동안 커버 영상을 계속 만들었고, 어느새 업로드한 영상의 수는 15개가 되었다. 어렵고 힘든 시간도 많았지만, 영상을 올리는 그 순간에는 뿌듯함과 성취감이 있어 꾸준히 이어갈 수 있었다. 그대로 계속 유튜브 활동을 이어가려 했지만 결국 현실적인 문제에 부딪히고 말았다.

영상 하나를 제작하는 데 최소 몇 시간은 기본이었고, 심하면 며칠 밤을 꼬박 새워가며 작업한 적도 있었다. 그렇게 3개월 동안 최선을 다해 만든 내 영상들의 조회 수가 얼마 나오지 않자, 점점 의욕을 잃어가기 시작하였다.

총 6개월, 유튜브를 하기 위해서 3개월 동안 카페에서 알바를 했고, 3개월 동안 영상을 만들며 유튜브 활동을 했다. 반년을 투자했는데 남은 건 구독자 36명, 총조회 수 2,236. 현타가 올 수밖에 없었다. 결국, 유튜브를 접었고, 내 고등학교 2학년도 끝이 났다.

시간이 지나 스무 살이 되었을 때 한 친구에게 예전에 유튜브 영상을 만들었다는 사실을 알려주었다. 영상을 본 친구는 유튜브를 접은 것이 정말 아깝다고 이야기하였고 자기와 다시 시작해보는 것이 어떻겠냐고 물어보았다.
그 친구는 영상편집을 공부하는 친구이기에 더 좋은 퀄리티로 영상을 만들 수 있었다. 나도 조금의 미련이 남아 유튜브를 다시 시작하기로 했다. 그러나 전과 똑같은 이유로 접게 되었다.

삶은 방황의 연속이다. 우리가 살아가면서 방황하는 이유는 움직이기 때문이다. 당시 나는 꿈이 있었고 꿈을 향해 달려갔다. 그리고 달려가는 과정에서 방황했다. 그 방황 속에 배움과 발전은 존재한다. 비록 유튜브는 잘 안 되었지만, 그 유튜브를 준비함으로써 영상편집과 음악을 공부할 수 있었고, 꿈을 향해 나아갔다.

아직도 난 유튜브를 할 생각이 있다. 실패하고 방황했기에 다음에는 어떻게 하면 더 잘할 수 있을지 알 수 있다. 물론 지금도 방황한다. 그러나 결국 그 방황 속에서도 배움은 존재한다고 생각한다.

나는 앞으로도 방황할 것이다. 그리고 나아갈 것이다.

움직이는 사람만이 넘어질 수 있다.

- 로베르토 고이주에타 -

관계

     고등학교 때 학교를 멀리 다녔다. 새로운 인연을 만나고 싶었고 더 넓은 세상을 보고 싶어 일부러 먼 학교를 지망하였다. 그렇게 걸어서 15분이면 갈 고등학교를 버스 타고 1시간이나 통학했다.

보통 고등학교에 올라오면 같은 중학교 출신 친구들이 있기 마련인데, 나는 단 한 명도 없었다. 조금은 외롭기도 했지만, 새로운 인연이 필요했기에 크게 상관은 없었다. 오히려 여기 있는 모두가 나에 대하여 모른다고 생각하니 설레고 기대되었다. 그렇게 나의 첫 고등학교 생활이 시작되었고 걱정과 달리 친구들과 잘 어울렸다.

외모가 뛰어난 친구, 공부 잘하는 친구, 웃긴 친구. 이 세 친구는 반에 꼭 한두 명씩 있기 마련이다. 이 중에서 제일 실세는 바로 웃긴 친구다. 수업 시간이든 쉬는 시간이든 깨어만 있다면 그 존재감은 언제나 하늘을 찔렀다. 물론 수업 시간을 방해하는 빌런이기도 하였지만, 드립도 잘 치고 에너지도 좋아 언제든지 밝은 분위기를 만들었다.

나는 그런 웃긴 친구들과 친해지고 싶어 장난치고 말도 걸며 나름 노력했다. 그러나 친해질 수 없는 선 넘는 행동이 있었는데, 바로 '패드립'이었다. 쉽게 말해 서로 부모님 욕을 하는 것이었다. 물론 진심이 아니다. 오히려 실제 서로 부모님을 마주하게 된다면 가장 예의 바르고 잘 행동할 친구들이다. 하지만 그거랑은 별개로 그들에겐 그게 하나의 유머 코드였다.

처음엔 전혀 이해되지 않았고 재미도 없었다. 남의 부모님

이름 언급하고 놀리는 게 뭐가 재밌는 거지? 싶었다. 그러나 시간이 지나 나 역시 그들의 농담에 피식피식 웃음이 나오곤 하였다. 부모님을 놀리는 게 웃긴 것이 아니라 그걸 표현하는 얘들의 말투나 행동이 웃겨서 웃었다. 하지만 웃은 건 웃은 거였고 나 역시 그들의 표적이 되었다.

한번은 핸드폰을 하던 중 한 친구가 내 핸드폰을 가로채 갔다. 나는 몹시 당황하였고 그 친구는 핸드폰을 가져가 우리 엄마의 이름을 알아내려고 연락처를 뒤지기 시작했다. 나는 돌려달라고 계속 이야기하며 쫓아갔지만, 그 친구는 낄낄 웃으며 내 핸드폰을 들고 도망갔다. 갑작스러운 행동에 화가 나고 억울하여 결국 난 눈물을 흘렸다. 그제야 그 친구는 당황스러운 표정으로 핸드폰을 돌려주었다. 그러나 그 친구가 나에게 보였던 태도는 미안함보다는 어이없음이었다.

순간 나는 '분명 내가 피해를 봤는데 쟤가 더 어이없어하지?' 하며 나 또한 어이없었지만, 시간이 지나 그 친구의 입장을 이해할 수 있었다. 나는 그 친구에게 직접 패드립하지 않았다. 그러나 그들이 패드립하며 노는 모습을 보며 나도 웃고 즐겼다. 그렇기에 그 친구로서는 '너는 웃을 거 다 웃어놓고 혼자 빼는 거냐?'라고 생각할 수 있었다. 쉽게 말하면 그 친구는 장난을 친 것이고 난 그 장난을 장난으로 받아들이지 못했다. 그 친구 입장에서 보면 나도 참 이기적인 놈으로 보였겠다 싶었다. 그리고 생각했다. '아, 나는 저 친구들과 절대 좋은 관계가 될 수 없겠구나.'

물론 처음에는 친해지고 싶었다. 그러나 나에게 장난은 "너, 왜 이렇게 게임 못하냐~", "어우야, 내가 발로해도 너보다 잘 하겠다." 정도지 "야 이, x발 눈이 없나ㅋㅋㅋ", "어우 x신아, 뭐 이렇게 x같이 하냐~"가 아니었다. 서로 생각하는 장난의 수준이 다르니 어울릴 수 없었다.

고등학교 2학년이 되어서도 마찬가지였다. 친해지고 싶은 친구는 있었으나 공감대가 다르니 친해질 수 없었다. 그들이 좋아하는 것을 난 좋아하지 않았고, 그렇기에 어울리기 어려운 관계가 되었다. 특히 운동을 좋아하는 친구들이 많았는데 나는 운동과 거리가 멀어 더욱 친해지지 못했다.

나중엔 친해지지 못한 것을 넘어 갈등이 생겼다. 2학년 때 반장이었던 나는 체육대회 점심값을 대표로 계산하여 친구들에게 돈을 걷고 있었다. 바로 주는 친구들이 있는가 하면 사정사정해야 주는 친구들이 있었고 그렇게 해도 몇 달이 걸려 주는 친구도 있었다. 심지어 매번 물어볼 때마다 '돈이 없다.' 하면서 잘만 놀러 다니는 친구도 있었다. 그 친구는 '친구라면 돈 좀 늦게 줄 수 있는 거 아닌가?'라고 생각하는지 정말 늦게 주었다.

단돈 5,000원이 그렇게 주기 어려웠나? 그게 아니면 그냥 내가 마음에 안 들었나? 반장임에도 불구하고 힘이 없었던 나는 그런 일을 계속 겪어야 하였다. 내 생각과는 맞지 않는 친구들이 많았다. 그러나 피해 갈 수 있는 1학년 때와 다르게 2학년 때는 반장이었다. 피하고 싶어도 부딪쳐야 하고 보기 싫어도 봐야 했다. 그 때문에 겉돌며 무시당하는 상황도 생겼다.

억울하고 화가 나니 분노가 쌓였고 그 분노는 고스란히 나에게 풀었다. 친구들과의 관계가 멀어지고 공부도 하기 싫어지니 점점 지치기 시작했다. 그렇게 부모님께 학교에 다니고 싶지 않다고 말씀드렸고 방황을 시작하게 된 것이다.

그때부터 느꼈다. 무언가 벽이 있다고…. 문화가 맞지 않으니 어울릴 수가 없었다. 근데 그건 어른이 되어서도 변함없는 사실이었다.

주변 친구들을 보면 인생네컷 사진을 찍고 피씨방, 노래방을 가며 술을 먹기도 한다. 처음에는 나도 그렇게 자주 놀았다. 그러나 시간이 지날수록 그런 문화들이 질리기 시작하였다. 만날 때마다 피씨방 가고 노래방 가고 술을 먹는 게 나와 맞지 않았다.

제대로 기억에 남지도 않았고 시간과 돈만 아까웠다. 만남은 배움이 있어야 하고 기억에도 남았으면 했다. 그 때문에 경험하지 않았던 일을 하는 것이 좋았다. 종로에서 할아버지들과 장기 두는 것, 가보지 않은 길을 산책하는 것 등 늘 정해져 있는 루트가 아닌 새로운 경험을 좋아했다.

결국, 자연스럽게 몇몇 친구들과 멀어지는 상황이 생겼다.

술과 여가를 좋아하는 친구들에겐 반대로 내가 맞지 않았기 때문이다. 학생 때는 학교에서 매번 얼굴 보고 지냈으니 관심사가 달라도 관계가 유지되었지만, 어른이 되니 자연스럽게 관계가 끊겼다.

갓 20살이 되어 놀 때는 제일 빠질 수 없는 것이 바로 술이다. 그러나 나는 술을 하지 않았으니 자연스럽게 술자리와 멀어졌고 주변 사람들과도 멀어졌다.

하지만 술이 아닌 예술을 통해 새로운 친구들을 사귀었다. 춤을 좋아하는 사람들의 모임, 음악을 좋아하는 사람들의 모임, 영화나 독서를 좋아하는 사람들의 모임, 그렇게 술이 아닌 예술을 좋아하는 사람들을 만나며 새로운 관계를 만들었다. 크게 무언가를 하지 않아도 그저 관심 있는 소재로 대화하는 것, 바로 내가 원하는 만남을 정확하게 찾은 순간이었다.

사람은 자신과 맞는 사람을 만나게 된다. 취미가 비슷하던가 좋아하는 소재가 있다던가 더 나아가 비슷한 환경의 친구이거나…, 그런 관계가 나에게 좋은 영향을 주는 것 또한 사실이다.

그럼 나와 맞지 않는 사람은 만나지 않으면 되는 것일까? 그렇지 않다. 맞지 않는 사람인데도 좋은 관계를 유지하는 사람들은 많다. 그 이유는 서로 배려하기 때문이라 생각한다.

한 친구가 있다. 그 친구는 술을 좋아하고 담배를 피운다. 난 술을 좋아하지 않고 담배도 하지 않는다. 하지만 난 친구가 담배 피우는 것을 기다려주고 그 친구는 술자리에서 술을 강요하지 않는다. 오히려 먹으려고 하면 말린다. 서로의 배려이다. 그런 모습을 보며 서로 맞지 않아도 배려하며 나아가는 관계가 어쩌면 최고의 관계가 아닐까? 생각한다.

좋은 관계를 유지하는 것이 그저 취미가 비슷하고 공감대가 같기 때문이라면, 취미가 달라지고 공감대가 달라지면 과연 깨지는 관계일까? 그런 관계는 좋은 관계가 아니다. 비즈니스지.

앞으로 어떤 관계를 맺을지 또 어떤 사람들을 만날지 모르

겠다. 술보다는 예술을 좋아하고 나에게 좋은 영향을 주는
사람이면 좋겠지만 그렇지 않더라도 나를 배려해주고 같이
있어도 행복한 관계라면…. 그런 관계라면 충분하다고 생각
한다.

누군가를 신뢰하면

그들도 너를 진심으로 대할 것이다.

– 랄프 왈도 에머슨 –

연애

이십 년이란 시간 동안 다양한 일을 겪었다. 웃어도 보고, 울어도 보고, 넘어지고, 일어나고, 도전하고, 실패하고….

긴 시간은 아니었지만 많은 것을 배우고 경험했다. 하지만 정말 아쉬운 것 한 가지는 아직 연애를 못 해본 것이다.

중학생 때, 새로운 학기가 시작되어 매번 그렇듯이 새로운 친구들을 싸~악 스캔했고, 난 놀랄 수밖에 없었다. 작지도 크지도 않은 키에 크고 예쁜 눈, 연한 갈색에 긴 생머리, 하얀 피부에 붉은 입술, 첫눈에 반한다는 말이 무엇인지 단번에 이해가 될 정도의 충격을 느꼈다. 심지어 예의 바르고 공부도 잘하고 착하기까지…. 안 좋아하려야 할 수 없는 그런 아이였다. 그렇게 단번에 사랑에 빠졌고, 그 친구와 가까워지기 위해서 별의별 짓거리를 다 했다.

당장 그 친구에게 다가가 말을 걸기 너무 쑥스러워 그 친구의 가장 친한 친구와 먼저 친해지기로 마음먹었다. 당시 친구 수 늘리는 것에 미쳐있었던 시기라 누군가와 친해지는 것이 그다지 어렵지 않았고, 금방 친해질 수 있었다. 그 이후로 좋아했던 여자애한테도 다가가고, 카톡도 하며 서로에 대해서 알아갔다.

수행평가도 같이하고 체육 시간이나 쉬는 시간에 장난치며 이야기하는가 하면, 여름엔 문방구에서 산 물총을 가지고 놀기도 했다. 또 그 친구에게 카톡 오는 날에는 방에서 앞구르기 뒤구르기를 하며 오두방정을 떨었었다.

당시 유행했던 페이스북에서 다른 친구들 게시물에는 '좋아요'를 누르지 않았는데, 내 게시물에 '좋아요'를 눌러주거나 카톡을 할 때도 숫자 '1'이 바로바로 사라지며 대화할 때도 정말 기뻤다. 그만큼 그 친구를 좋아했고, 그 친구도 또한 나에게 호감이 있다고 생각했다. 하지만 인생이 그렇듯 뜻 대로 되지 않은 것이 참 많았다.

한번은 그 친구를 너무 좋아한 나머지 친구의 머리부터 발 끝까지 따라 하고 싶었다. 마치 연예인을 따라 하듯이 난 그 친구의 패션을 따라 했다. 슬리퍼도 같은 색으로 신고 다니 며 교복도 비슷하게 입었다. 그리고 점점 좋아하는 티를 내 기 시작했다. 하지만 슬프게도 내가 다가갈수록 그 친구는 멀어져갔다. 서로 좋아한다고 생각했는데 그게 아니었다. 결국, 그 친구는 나의 행동들을 점점 부담스럽게 느껴 선을 긋기 시작했고 그렇게 끝났다. 아무래도 연애를 한 번도 못 해본 나였기에 그런 부분에서 서툴렀다. 첫사랑은 과학인 것 같다. 이루어지지 않으며, 잊을 수 없는.

그 이후로도 종종 이성과 만남이 있었다. 만나서 밥 먹고 카 페 가고, 어느 때는 몇 시간씩 전화하며 영화를 보거나 연극을 보기도 하는 등 흔히 말하는 데이트를 종종 해보았다. 그러나 그 이상이 없었다. 이유는 '서로 좋아하지 않아서'라고 생각한다. 한쪽에서 마음이 있어도 다른 한쪽에서 마음이 없으니 그 이상이 없는 것이다.

이렇게 느끼게 된 이유는 내가 호감을 표현했을 때 상대방이 선을 긋는 경우, 대부분 나에게 마음이 없는 친구였고, 나 역시 상대방이 호감을 표현했을 때 내가 별 마음이 없는 상대면 선을 긋는 내 모습을 볼 수 있었다.

주변에서는 '마음에 없어도 일단 만나 봐! 만나면 좋아질지 누가 알아?'라고 하지만 그건 너무 무책임한 행동이라고 생각한다. 만약 만났는데 좋아지지 않는다면? 그런 애매한 감정으로 연애한다면 나와 상대방 모두가 피곤하고 힘든 시간을 보낼 것이다.

연애는 어느 정도 책임감이 필요하다고 생각한다. 누군가가 나에게 고백했는데, 좋아서 받는 것이 아니라 그저 거절하기가 부담스럽고 미안해서 받아준다면 오히려 서로한테 상처이고 좋은 결과를 갖지 못할 것 같다. 그래서 내가 확신이 없다면 함부로 만나면 안 되는 것이 연애라고 생각한다.

아니 근데 진짜 그래도 그렇지 어떻게 20년째 솔로일 수가 있을까. "너는 왜 연애 안 해?"라고 물어보는 경우가 있는데, 미안하지만 안 하는 게 아니라 못 하는 것이다. 앞에 말했듯이 내가 좋아하는 상대방은 나를 좋아하지 않고, 그렇다고 내가 마음에 없는 사람을 만나는 것도 아닌 것 같고.

누구는 소개받아 보라고 하지만 그건 또 싫었다. 뭔가 각 잡고 이성을 만난다는 점이 부담스러웠고 자신도 없었다. 그렇다. 난 흔히 말하는 '자만추'(자연스러운 만남 추구)에 속하였다.

위에 언급한 부분이 나의 내적인 문제라면 이젠 외적인 문제였다. 사실 제일 큰 문제라고 생각이 들었다. 친한 친구들에게 물었다.

"나는 왜 연애를 못 할까?"
"거울 한번 보고 와~"

대부분 외적인 요소를 지적하였다. 그럴 만도 한 게 중고등학교 때는 외적인 것에 관심이 많았지만, 성인이 되고 나서는 크게 관심이 없었다. 코로나 때문에 밖에도 잘 안 나가고, 사람도 안 만나게 되다 보니 자연스럽게 멀어졌다.

하지만 나는 좀 심각한 수준이었나 보다. 가장 많이 지적받은 부분이 패션이었다.

"맨날 후드티에 이상한 바지만 입고 다니니 여자가 안 생기지!"
"일단 그 영감님 안경부터 제~발 바꿔!"

이런 식으로 말하는 친구들이 있었다. 그 외에도 머리부터 발끝까지 모두 까였다.

결론적으론 매번 똑같은 패션에 똑같은 헤어 스타일, 설렘이라고는 1도 찾아볼 수 없는 매너와 센스, 주변에서는 그렇게 말해주었다. 처음에는 이해가 되지 않았다. '내가 뭐 어때서?', '내가 좀 못나 보이면 어때 이런 모습까지 사랑해

주는 사람 만날 거야.' 어찌 보면 무책임해 보일 수 있는 생각을 했다. 하지만 요즘에는 어느 정도 자기관리를 해주어야 하는 것이 만남에 있어서 예의일 수도 있겠다는 생각이 든다.

지금은 '어떻게 하면 연애를 올바르게 잘할 수 있을까' 고민하며 나름 노력 중이다. 참고로 나의 아버지는 엄마를 만나자마자 5분 만에 프러포즈하셨고, 그 후 1달 반 만에 초 스피드 결혼을 하셨다. 그런 아버지와 다르게 연애에 서툰 나지만 앞으로 노력과 변화를 통해 좋아하는 사람을 만나 연애해보고 싶다. 또 사랑받기 위해 그리고 사랑할 수 있는 사람이 되기 위해서 멋진 내가 되고 싶다.

내가 좋아하는 사람이

나를 좋아해 주는 건 기적이야.

-영화 『어린왕자』-

PART

II

상처_1

언제였을까, 나도 모르게 어느 순간 피아노에 빠져 있었다.

아주 어렸을 때 억지로 피아노 학원에 다녔던 기억이 난다. 피아노 학원에 가면 내가 얼마나 연습하였는지 확인할 수 있는 기록장을 준다. 총 10개의 과일이 있고, 곡 하나를 연주할 때마다 과일을 하나씩 색칠하는 것이다. 그러나 나는 종종 연주하지 않고 과일을 색칠하는 꼼수를 부렸다. 결국, 기초적인 바이엘도 끝내지 못한 채 피아노를 그만두었다.

이후 시간이 지나 중학교 3학년이 됐다. 나는 노래 듣는 것을 매우 좋아했는데, 문득 내가 즐겨 듣던 노래를 피아노로 연주해보고 싶다는 생각이 들었다.

그때 좋아했던 'Tobu'의 『candyland』란 곡이 있다. 사실 피아노곡이 아니고 따로 악보도 없었던 EDM 장르의 노래다. 노래가 너무 좋아서였을까 어떻게든 연주하고 싶었던 내 마음이 몸으로 보이기 시작하였다. 그러나 피아노 앞에 앉았을 때 매우 막막했다. 연주 실력이 되는 것이 아니었고 화성에 대한 이해나 코드 또한 전혀 알지 못하였기 때문에 아무것도 시도하지 못하였다. 심지어 악보를 보는 법도 다 잊어버렸다. 처음이었다. 내가 유튜브라는 매체를 통해 무언가를 배웠던 순간이….

유튜브 창에 'candyland piano 연주'를 검색하고 영상을 보면서 하나하나 따라 했다. 악보를 제대로 볼 줄 몰라 남이 연주하는 영상을 보며 조금씩 따라 했고, 몇 시간을 연습한 뒤 몇 초를 연주했다. 그래도 행복했다. 내가 좋아하는 음악을 내 손으로 연주한다는 것이.

그때부터 피아노를 즐기기 시작했다. 어렸을 때는 억지로 피아노를 배웠는데 지금은 피아노를 즐기고 있다는 점이 참 아이러니했다.

한번은 체육 시간에 피아노를 치던 친구가 있었다. 체육관 창고에 피아노가 있었는데 자유시간이 주어지면 항상 아이들은 그 친구의 연주를 감상하기 위해서 창고에 몰렸다. 그 친구는 피아노를 참 잘 쳤는데 반 여학생들이 그 친구에게 많은 관심을 보였다.

"야, 너 이것도 칠 수 있어??"
"너 이것도 한번 쳐봐!"

여자친구들의 관심이 그 친구에게 몰릴 때 부럽기도 하면서 자극도 많이 받았다. 특히 그 여학생 무리 중 내가 좋아하는 여자애가 있어서 더욱더 신경 쓰였다.
그 친구는 반 아이들의 요구에 맞추어 멋진 연주를 계속해서 보여주었고 실력이 많이 부족했던 나는 부러움을 넘어 질투와 열등감에 빠지기도 했다. 그러나 집에서 피아노를 연주할 때면 언제 그런 생각을 가졌었나 싶을 정도로 마음이 편안했다.

고등학교에 올라오면서 피아노에 대한 사랑이 커졌다. 매일같이 집에서 업라이트 피아노를 치며, 가끔은 교회에서 그랜드피아노와 신디사이저를 가지고 연주하기도 하였다. 그랜드피아노, 신디사이저 두 가지 모두 너무 좋은 악기라 어린 나이에 남 부럽지 않은 장비를 가지고 연주할 수 있었던 것이 지금 생각하면 참 감사하다.

내가 다니던 교회는 건물 상가 5층에 있었는데 주변에 학원과 피시방, 당구장 등 여러 가지 시설이 있었다. 그 때문에 가끔 너무 흥분해서 연주하다 보면 학원 선생님들이 찾아오셔서 나에게 조용히 좀 해달라고 하시기도 했다.

그럴 때면 "죄송합니다." 하고 또 얼마 지나지 않아 신나게 피아노를 연주했다. 철이 없었고 참 어렸었지만, 지금 생각해 보면 얼마나 피아노를 좋아했던 아이였는지 느낄 수 있다.

스무 살, 내 감정의 빛

가끔은 피시방에서 나오는 학생들이나 학원에서 나오는 학생들이 피아노 소리를 듣고 교회 안을 들여다보는 일도 있었다. 그럴 때면 더 오버하며 괜히 잘 치는 척을 하기도 했다. 부끄러웠지만 멋있어 보이고 싶었고, 그 관심이 어색하지만 좋았기 때문이다. 덕분에 사람들 앞에서 연주하는 묘한 떨림과 긴장감을 간접적으로나마 느낄 수 있었다.

피아노에 대한 애정이 점점 커지니 한 가지 욕심이 생겼다. 바로 내 전용 피아노를 가지는 것이었다. 개인적인 소장 욕구도 있었지만 가장 큰 이유는 밤에 연주하기 위해서였다. 울림이 있는 업라이트는 늦은 밤 가정집에서 연주하는 건 쉽지 않았다. 교회 또한 밤늦게까지 있는 게 쉽지 않았다. 그렇게 돈을 모아 40만 원 정도의 피아노를 구매하였고 단 한 번도 후회한 적이 없다. 물론 키감도 별로고 sustain(페달)도 말을 안 들어서 참 답답한 친구였지만 밤에도 내가 피아노를 연주할 수 있다는 것만으로 충분히 가치 있는 피아노였다.

그렇게 방안에 피아노를 하나 들여놓았다. 침대 바로 앞에

놓았는데 그렇게 예뻐 보일 수가 없었다. 언제든지 연주할 수 있다는 점이 늘 설레었고 행복했다. 바라만 보아도 입꼬리가 올라갔고 웃음이 나왔다.

자려고 눕다가도 연주 한 번 하고 학교 가기 전에 연주 한 번 하고 엄마가 "밥 묵으라~~" 할 때도 "잠시만~" 하며 연주하는 내 모습을 보았다.

피아노를 참 사랑했고 좋아했다. 그러나 사랑이 커지니 보이지 않는 것들이 보이기 시작하였다. 바로 과거에 다쳤던 손가락이다. 피아노를 제대로 연주할 수 없을 땐 몰랐다. 그러나 어느 정도 연주 실력이 되는 시점부턴 엄청난 방해의 요인이 되었다. 늘 기쁘고 행복하게만 칠 줄 알았던 피아노가 역으로 불안과 시련을 주기 시작하였다.

상처_2

때는 중학교 3학년으로 돌아간다. 한창 친구들
이랑 놀기 좋아하고 밖에서 뛰놀던 나는 운동기구에서 운동
하며 장난을 쳤다. 운동기구는 참 다양한 종류가 있는데, 그
중에서도 몇몇 재미있는 운동기구들이 있었다. 나는 원형으
로 360도가 돌아가는 허리 운동기구와 양발을 올려서 오른
발 왼발 번갈아 움직이는 다리 운동기구(하늘 걷기)를 주로
좋아했다.

당시 난 다리 운동기구에 올라 친구들이랑 수다를 떨며 운

동기구 위에서 장난을 치고 있었는데, 오른발에 힘을 엄청나게 준 뒤 뒤로 당겨 확 앞으로 내 뻗는 순간 틈 사이에 있는 새끼손가락이 아작났다. 그 때는 아무 생각이 들지 않았고 머리가 띵 하였다. 소리를 지르면서 아파했지만, 주변에 친구들도 있어서 크게 아픈 티는 못 내었다. 그러나 내 손가락의 상태는 아픈 티가 났고 결국 다음 날 병원에 가서 깁스를 하고 돌아왔다. 그때는 피아노에 조금씩 관심이 붙었던 시기라 그 상처가 나에게 큰 영향은 없었다. 당분간 피아노를 연주하지 못한다는 약간의 아쉬움 정도만 남았다. 그리고 당연하게도 시간이 지나면서 나을 거라는 의사 선생님의 말씀에 안심하고 추억으로 돌렸다.

시간이 지나 깁스를 풀었고, 다시 피아노를 연주할 생각에 신이 났었다. 그렇게 한참 연주하는데 다 나은 줄 알았던 새끼손가락이 다시 아프기 시작했다. 하지만 오랜만에 사용하는 손가락이라 그런가 보다 하고 넘긴 뒤 '에이, 뭐 시간이 지나면 다시 나아지겠지.'라고 생각하며 안일하게 넘겼다. 그러나 시간은 흘러도 계속 나아지지 않았고 슬슬 불안하기 시작하였다. 엄마도 이상함을 느끼셨는지, 더 큰 병원을 한

번 가보자고 하셨다. 엄마와 함께 택시를 타고 병원에 가는데, 원래 가려던 병원은 예약이 다 차서 택시 기사님이 추천해주신 다른 병원으로 향했다. 가서 진료받은 결과, 아직 뼈가 붙지 않았다는 의사 선생님의 말씀을 들을 수 있었다.

그때는 화가 났고 짜증도 났다. 그리고 수술하자는 의사 선생님의 말씀이 너무나도 무서웠다. 그저 피아노 치는 것에 큰 문제가 없었고 약간 따끔따끔 한 정도라 그냥 참고 그대로 살고 싶다는 생각뿐이었다. 엄마는 이런 내 생각을 반박하며 당연히 수술해야 한다고 말씀하셨고 어쩔 수 없이 수술 날짜를 잡았다. 수술이라는 것을 한 번도 해본 적이 없어서, 부끄럽지만 무엇보다 주사를 맞아야 하는 게 무서워서 수술을 피하고만 싶었다. 하지만 수술 날짜는 다가왔고 처음 깁스를 했던 병원을 욕하며 수술받기 위해 병원으로 향했다.

운동기구에서 장난쳤던 일들이 후회되기 시작하면서 운동기구에서 장난을 치면 왜 안 되는지 반성하기도 하며, 별의별 생각들이 다 지나갔다. 그리고 마침내 수술대 위에 누웠다. 마취를 시작한다고 말씀하셨고, 나는 마취를 하면 서서히 잠이 들 거라는 의사 선생님의 말씀에 고집이 생겨서 최대한 안 자보려고 노력했고 속으로 '이런 약물 따위가 나를 쓰러뜨릴 수….'

눈을 떴을 때는 온 주변이 깜깜했고 느껴지는 것은 내 오른쪽 새끼손가락의 고통뿐이었다. 너무 아픈 나머지 눈물이 났고 그대 위로를 해준 건 바로 엄마였다. 기독교 신자이신 엄마는 옆에서 괜찮다며 내 손을 잡고 기도해주셨다.

엄마는 내가 중학교 1학년이었을 때 유방암에 걸려 수술도 하셨고 많이 힘들었는데, 그때 병원생활을 하셔서 그런지 나를 잘 위로해 줬고 공감해 주셨다. 그때 나는 '엄마가 얼마나 힘들었을까?' 생각이 들며, 내 앞에서 위로해 주시는 엄마가 참 고맙기도 했고 대단하다는 생각도 들었다.
금식이라 아무것도 먹으면 안 되었지만, 엄마는 옆에서 과일을 조금씩 주셨는데 그 과일이 그렇게 맛있을 수가 없다. 조금 더 달라고 하는 내 말에 엄마는 "너무 많이 먹으면 안 되는데…" 하시며 손은 과일을 깎고 계셨다. 그 밤은 아

스무 살, 내 감정의 빛

마 제일 달면서도 쓰린 밤이었을 것이다. 내 입은 달콤했지만 내 손끝은 아주 쓰라렸던 밤.

잠에서 깨고 얼마 지나지 않아서 의사 선생님이 들어오셨다. 다행히 수술은 잘 끝난 거 같았고, 더는 입원할 이유가 없었던 나는 그날 바로 퇴원하였다. 사실 입원하면 사람들이 병문안도 와주고 학교도 안 가서 조금 더 입원하고 싶다는 생각이 들었지만, 한편으로는 친구들도 빨리 보고 싶고 집에서 게임도 하고 싶었기 때문에 바로 퇴원을 선택하였다. 그렇게 내 인생의 첫 수술과 병원살이는 막을 내렸다.

손가락 수술을 마친 뒤 한동안 오른손을 사용하는 것이 불편했다. 피아노를 못 치는 것은 당연했고 밥 먹기도 쉽지 않았다. 불편하였지만 다시 건강한 손가락을 되찾을 생각에 참을 수 있었다. 일주일에 한두 번 정도 병원을 방문해 소독받으며 관리했고, 시간이 지나 깁스를 풀고 철사를 빼는 순간이 다가왔다.

다시 피아노를 칠 수 있다는 반가움과 잘 견뎌냈다는 뿌듯함으로 철사를 빼는 고통을 이겨냈다. 그러나 수술이 끝난 나의 손가락을 보고는 충격에 빠질 수밖에 없었다.

지금 여러분의 새끼손가락을 한번 보라. 총 3마디로 나눌 수 있을 것이다. 밑에서부터 첫 번째, 두 번째에 비해 가장 긴 세 번째 마디를 볼 수 있을 것이다. 그러나 내 손가락은 달랐다. 수술 전엔 나도 똑같이 세 번째 마디가 길었지만, 수술 뒤에는 더 짧아진 손가락이 되었다.

의사 선생님의 말씀으로는 앞에 붙어있던 뼈가 옆으로 이동하였다고 했다. 결론적으로 내 손가락은 짧고 뚱뚱해졌다. 너무나도 어이가 없고 화가 났다. 몇 개월 동안 견딘 결과가 이것이라니, 당장이라도 의사의 멱살을 잡고 싶었지만 시간이 지나면 원래대로 자리 잡을 거라는 말씀에 정신을 차리고 돌아왔다.

지금은 비록 못난 손가락이지만 시간이 지나면 자리 잡을 거라는 의사 선생님의 말씀과 이제 피아노를 칠 수 있다는 기대감이 나를 위로하였다. 그러나 그 위로는 그저 위로일 뿐, 다시 위기로 찾아왔다.

몇 달이 흘렀다. 시간이 지나면서 키도 커지고 몸무게도 커지고 피아노 실력도 늘고 모든 것이 변했지만, 단 한 가지 내 손가락은 그대로였다. 분명 시간이 지나면 원래대로 돌아온다고 했는데 그렇지 않아 당황스러웠다. 다시 병원에 찾아갔다. 의사는 무책임한 태도를 보였다.

"그럼 재수술해서 원래 손가락으로 돌려주세요."

이렇게 말했지만 잘 안될 확률이 높다고 했다. 그대로 박차고 병원을 나왔다. 첫 번째 병원에서는 뼈를 안 붙여주더니 여기서는 뼈를 개같이 붙여주었다. 너무 속상해서 화가 났지만 이제 할 수 있는 것이 없었다. 결국, 이 상황을 받아들이고 살아가기로 하였다.
하지만 그러기에는 너무나도 거슬리는 것이 많았다. 일단 보기에도 좋지 않았고 매 순간 누군가가 내 새끼손가락을 쥐고 있는 느낌이 들었으며, 피아노를 치는 것이 너무나 불편했다. 참다 참다 결국엔 다시 재수술하고 싶다고 엄마에게 울며 강력하게 이야기하였다. 정말 절실했었다. 그런 절실함을 아셨는지, 엄마도 지쳤을 만한데 나의 고집을 들어주셔서 참 감사했다. 그렇게 손가락을 향한 마지막 여정이 시작되었다.

병원에 두 번이나 당하니 아무 병원이나 갈 수 없었고 그냥 제일 좋은 병원으로 향하였다. 처음엔 동네병원, 그다음엔 중형병원, 이젠 대학병원으로 갔다. 병원에 도착하니 두려운 생각이 먼저 들었다. '혹시나 못 고친다고 하면 어떡하지?' 큰 병원이다 보니 접수부터 진료까지 오랜 시간이 걸렸고, 긴장되는 기다림 속에 드디어 내 이름이 불렸다.

진료실에 들어오자 차가운 공기와 고요한 분위기는 내 심장을 더 뛰게 했다. 지금까지의 의사 선생님과 다르게 이번 의사 선생님은 왠지 더 무서운 인상을 지니셨다. 이런 적막한 분위기 속에서 엄마가 먼저 입을 여셨다.

"우리 애가 손가락 수술을 했는데 잘 안 되어서 다시 원래대로 돌릴 수 있을까요?"

스무 살, 내 감정의 빛

심장은 전보다 더 뛰었다. 의사는 잠시 내 손가락을 관찰했다.

"이건 힘들겠는데요."

그 순간 뛰던 심장이 멈추는 기분이었다. 절망적이었다. 엄청 아파도 힘들어도 되니까 가능하다고 말해줬으면 좋겠다고 생각했는데 현실은 그러지 못했다.
애써 부정하며 다른 큰 병원을 또 찾아갔다. 그러나 돌아오는 대답은 마찬가지였다.

"지금은 어려울 거 같습니다."

의사 선생님은 이렇게 이야기했고 추가로 한마디 더 했다.

"근데 남자가 뭘…"

억울해서 화가 났다. 나는 이 손가락 하나 때문에 얼마나 힘들어하는데, 나의 입장을 무시하는 것 같은 기분이 들었다.

망치로 손가락을 찍을까? 유압 프레스로 손가락을 부셔 버릴까? 그러면 어떻게든 수술시켜주지 않을까?

남자니까 손가락 다친 것쯤은 안고 갈만하지 않냐는 의사의 말을 듣는 순간 모든 것이 원망스러웠다.

운동기구에서 장난치지 말 걸…. 동네병원 말고 진작 큰 병원 갈 걸…. 두 번째 병원 갈 때 택시 기사의 말을 듣지 말걸…. 수술한다고 했을 때 더 강하게 부정할걸….

이때 딱 하나만 옳은 선택을 했으면 내 손가락이, 내 삶이 달라졌을 텐데…. 근데 후회하면 뭐 하겠나. 변하는 것도 없는데. 결국, 이젠 완전히 받아들일, 아니 받아들여야만 했다.

여전히 피아노 치는 것이 불편했고 나을 수 있을 거란 믿음이 있었던 전과 달리 이젠 평생을 이렇게 살 생각을 하니 매우 괴로웠다. 또 주변에서 '뭐 그 손가락 하나 때문에 힘들어하냐.'라고 하는 말을 들을 때마다 속상했다.

피아노를 치는 순간이 더는 행복하지 않았다. '테일즈위버'라는 게임에서 발매한 『reminiscence』라는 곡이 있다. 너무 좋아하는 곡이라 매일같이 연주했지만 제대로 완곡하기까지 상당히 어려웠다. 후반부에 옥타브를 찍는 부분이 나오는데 내 손가락으론 그 파트를 소화하는 것이 거의 불가능에 가까웠다.

'한번은 되겠지.', '한번은 성공하겠지.' 그렇게 몇천 번을 연주하고 연습했는데 단 한 번도 완벽하게 연주한 적이 없다.

남들 보기엔 별거 아닌 것 같은 상처는 계속 나를 괴롭혔다. 사랑했던 피아노를 미워하게 했고 주변 사람들의 시선과 위로가 나를 더 속상하게 만들었다.

돌이킬 수 없다는 것이 정말 암담했고 평생 이렇게 살아야 한다는 생각에 가슴이 먹먹했다. 동시에 손가락이 아예 잘린 사람도 있고 나보다 더 아픈 사람들도 있을 텐데…, 하며 고작 이런 상처로 힘들어하는 나 자신도 미웠다. 하지만 이것이 나에겐 너무나 큰 상처임은 부정할 수 없었다.

그렇게 모든 것을 잃고 나에게 아픔으로만 남은 이 상처가 나를 더 단단하게 만들어 주었음을 깨닫는 순간이 생겼다.

배움이 있었다. 손가락의 아픔으로 인하여 피아노 연주를 제대로 하지 못했지만, 끈기를 가지고 많은 것들을 배우고 얻을 수 있었다. 평소에 뭐 하나 끈질기게 하지 못 하고 포기하는 경우가 많았는데 손가락 때문에 제대로 연주하지 못해 오기가 생겨 더 연습했던 그 순간이, 힘든 시련에도 도전하고 견뎌내는 끈기와 열정을 갖게 만들어 준 것이다.

언제부턴가 아픔에 대한 공감 능력이 생겼다. 남의 감정에 공감하지 못하고 '내가 보기에는 별거 아닌데 쟤는 왜 저러지?'라고 생각한 적이 있었다. 그러나 나도 내 손가락을 아무렇지 않게 보는 사람들 때문에 힘들었다. 그들에겐 별거 아닌 상처처럼 보이겠지만 나에게는 너무나도 큰 상처였다. 이를 계기로 그렇게 누군가의 상처에 대해서 공감하고 이해하는 마음이 생겼다. 참 아이러니하다. 상처는 나를 괴롭혔지만 동시에 성장시켰다. 여전히 손가락 때문에 불편하지만, 이것을 더는 상처로 생각하지 않기로 했다. 이것은 훈장이다.

앞으로도 힘든 순간이 다가오고 나를 괴롭게 하는 일들이 생길 것이다. 그 순간마다 손가락의 아픔을 견딘 나를 돌

스무 살, 내 감정의 빛

아보면서 이 또한 지나가리라 하며 하루하루를 이겨나갈 것
이다.

고통은 인간의 위대한 교사이다.

고통의 숨결 아래서 인간은 성장한다.

방향

      고등학교 때, 영화 보러 혼자 서울에 갔다. 종로
3가 영화관에서 영화를 예매한 뒤 시간이 남아 주변을 돌아
다녔다. 종로3가에서 걷다 보니 종각이 나오고 더 걸으니
광화문이 나왔다. 어른들이 가득한 서울 거리가 신기하였고
재미있었다. 쳐다보기 힘들 정도의 높은 건물, 전화하며 걸
어가는 직장인, 빵빵! 거리는 차들까지, 마치 어른들의 세계
에 온 느낌이었다.

한창 걷다가 잠시 쉬려고 버스정류장에 앉았다. 슝슝 지나

가는 차들, 주변을 두리번거리시며 길을 건너는 할머니, 신호를 기다리며 핸드폰을 보는 정장 차림의 직장인, 서울의 거리는 참 아름다웠다. 그렇게 거리에 심취하고 있었다. 그때 누군가 말을 걸었다.

"저기요!"

키 160에 초롱초롱한 눈을 가진 나와 비슷한 나이로 추측되는 여학생이 말을 걸었다.
'와 드디어 나에게도 이런 날이…. 지금 내 번호를 따려나보다!' 하며 마음의 준비를 하고 있었다. 그녀는 밝은 미소와 함께 나를 빤히 쳐다보더니 말했다.

"인상이 좋아 보이세요~".

'에이 x발, 그럼 그렇지!' 순간 설렜던 마음이 단숨에 묵살당했다. 지금이야 코로나 때문에 많이 줄었지만 2019년 당시에는 꽤 활동적이었던 '도를 아십니까'였다.

평소에는 이런 사람을 만나면 그냥 무시하고 나왔다. 그러나 영화 시작까지 한 시간 정도 남았었고 마침 심심했던 참이라 '어? 한번 속아볼까?' 생각했다. 그리고 자연스럽게 그녀에게 녹아들었다.

부와아앙~ 지나가는 버스와 빵빵거리는 차의 경적 속에서 그녀는 나에게 물었다.

"혹시 지금 많이 바쁘신가요?"
"아, 저 시간 괜찮아요. ㅎㅎ"

그 이후로는 뻔한 레퍼토리였다. 그녀는 정성을 들이면 더 잘 되네, 조상님의 한을 풀어드려야 한다네 등등 계속 씨부렸고, 그 이야기를 들은 나는 동공이 커지며 맞장구를 쳤다.

"헉, 정말요?!"

내가 반응할수록 그녀의 입꼬리는 올라갔다. 그렇게 몇십 분 이야기했을까, 슬슬 영화 시간이 다 되어 런각을 잡았다.

그녀는 내가 다 넘어왔다고 생각했는지 승리의 미소를 지으며 이렇게 말했다.

"여기서 10분만 걸어가면 제사 드릴 수 있는 공간이 있거든요! 와서 제사 드리고 가요. ㅎㅎ"

회심의 일격을 날렸다. 나 역시 승리의 미소를 지으며 말했다.

"아, 근데 저 사실 교회 다니거든요, 이제 곧 〈주먹 왕 랄프 2〉 보러 가야 해서 죄송합니다"

그 사건이 있었던 후로 '나는 웬만하면 사기를 당하지 않겠구나' 하며 자신감을 가졌다. 그 이후 몇 달 뒤 친구랑 같이 길을 걸어가고 있는데 인상이 선해 보이는 여성분들이 우리에게 다가왔다. 순간 기분이 쎄 하였다.
"저희가 학생들을 대상으로 몇 가지 설문조사를 하고 있거든요?"라며 이것저것 물어보았다. 예상과 다르게 '도를 아십니까'는 아니었고 진로 관련 단체였다. 설문에 응해주면 선물도 준다길래 참여하고 왔고, 그 후 따로 연락이 왔다. 설문에 답해준 것이 많은 도움이 되어 더 이야기해보고 싶다는 것이었다. 당시 설문이 진로, 심리와 관련되어서인지, 한때 심리상담사가 꿈이었던 나에게 좋은 기회라고 생각했다.

그렇게 우린 카페에서 만났다.

"뭐 드실래요?"

음료도 사주시고 공감도 많이 해주셨다. 심지어 내가 잘못된 오해를 할까 봐 본인이 '도를 아십니까'와 같은 이상한 단체가 아니라고 이야기하였다. 그래도 누군가 오해할 수 있으니 주변에 상담하는 것을 비밀로 해달라고 하셨다. 심지어 부모님까지.

부모님까지 비밀로 해달라는 것이 약간 의아했지만, 내 이야기는 정말 잘 들어주셨다. 학생으로서 하는 고민이 무엇인지, 부모님과의 관계는 어떤지 앞으로의 진로는 어떤지 나에게 많은 관심을 가져주셨다. 덕분에 나도 그동안 힘들었던 고민을 털어놓을 수 있었다. 그렇게 두 번 정도 만나고 엄마에게 이야기하였다.

"엄마, 나 요즘 진로 상담받고 있는데 좋은 거 같아."
"그래? 어디서?"

엄마는 갸우뚱하며 말했다. 나는 길에서 설문하다 연이 닿아 지금까지 교제하고 있다고 대답했다. 엄마는 잠시 생각에 잠기더니 말했다.

"경민아, 그거 사이비 종교다."

당황스러웠다. 처음에는 부정했다.

"아니, 내 이야기도 잘 들어주시고 상담도 잘해주시는데 너무 단정 짓는 거 아냐?"

아무래도 '도를 아십니까'와 같은 단체로 오해받은 적이 있다는 상담사님의 이야기를 들은 나였기에, 엄마의 말에 쉽

게 공감할 수 없었다. 그러나 엄마는 나를 계속 설득하려
했다.

"그럼, 그분이 속한 단체가 어딘지 정확하게 여쭤봐."

그래서 조심스럽게 그분에게 물어보았다. 얼굴 보고 여쭤보
기 죄송하여 문자로….
〈그… 어머니가 정확히 어디 소속이신지 궁금해하셔서서 한
번만 알려주실 수 있으신가요?〉라고 보냈다.
〈경민님, 아무래도 더는 상담은 어려울 것 같아요. 제가 처
음에 말씀드린 트라우마도 있고….〉라며, 결론은 앞으로 나
와의 만남을 그만두겠다는 대답이었다.

놀랐다. 정말 엄마 말대로 사이비인가? 물론 그것만으로 사
이비라고 단정 지을 수는 없다. 그러나 이 상담을 그 누구에
게도 발설하지 말라는 점, 진로에 관하여 이야기하는데 부
모님께까지 비밀로 하라는 점, 자신이 속한 단체가 어디인
지 밝히지 못하는 점, 돌아보니 수상한 게 한둘이 아니었다.
주변에 이 이야기를 하니 대부분 다 사이비라는 이야기를

하였다. 나는 그렇게 '도를 아십니까'와 '사이비 종교'까지 모두 만나보았다.

그런데 그 이후 또 한 번 엮인 적이 있었다. 그것도 설문조사였다. 예술에 관련되어 공유하고 나누는 내용이었다. 예술에는 눈 돌아가는 나였기에 또 설문에 참여하고 또 만났다. 카페에서 만났고 그분 역시 친절했다.

"뭐 드실래요?"

음료를 사주셨다. 참 재미있는 게 '도를 아십니까'는 '목마른 사슴 물 한 잔 베풀어주세요.' 하며 사달라고 하고 사이비는 '목 안 마르세요?' 하며 사준다. 그분은 천천히 이야깃거리를 소개하더니 이 모임을 비밀로 해달라고 하였다. 순간 아차 싶었다. 아, 여기도 사이비구나. 이미 한 번 겪어 본 나였기에 현명하게 대처할 수 있었다.

"아, 진짜 사이비 종교 같은 이상한 곳 때문에 스트레스 엄청나게 받았었는데 그런 곳들은 싹 다…."

그분은 그날 이후로 나에게 연락하지 않았다.

이처럼 우리 삶에는 많은 시련이 다가온다. '도를 아십니까'처럼 뻔한 것도 있지만 사이비처럼 그렇지 않은 것도 많다. 만약 처음 만났던 상담사가 진짜 사이비였고 엄마가 나를 설득하지 않았더라면 지금 쓰는 글은 '스무 살, 내 감정의 빛'이 아닌 '스무 살, 내 포섭의 빛'이 되었을 수도 있다. 한편으론 참 아이러니한 게, 이렇게 사회에 악질이라 불리는 '사이비'와 '도를 아십니까'가 힘들고 방황하는 사람들에게 관심이 더 많다는 점이다. 사회에서도 가지지 않는 관심을 그들이 가져주는 것이 참 웃기면서도 안타까웠다.

결국, 인생에 중요한 것은 방향이다. 살면서 여러 길을 볼수 있다. 그 길이 과연 옳은 길인지 판단하는 것은 내 몫이다. 어떤 길들이 내 앞을 비출지 모르겠지만 언제나 현명하게 나아가는 내가 되어야겠다고 생각했다. 진로와 예술 관련 상담은 나를 더 좋은 쪽으로 이끌어줄 수 있는 지름길이라 생각했다.

그러나 돌아보면 절대 올바른 길이 아니었다. 그리고 느꼈다. 빨리 가는 것보다 중요한 것이 올바르게 가는 것이라고. 나에겐 '도를 아십니까'와 '사이비'가 잘못된 길로 찾아왔지만, 누군가에겐 나와 다른 형태로 위와 같은 시련이 찾아오지 않을까 생각해 본다. 내가 가는 이 길이 과연 옳은 길인지 다시 한번 돌아봐야겠다.

스무 살, 내 감정의 빛

인생은 속도가 아니라 방향이다.

-괴테-

여행_1

10대에 가장 바쁘다던 고3, 남들은 수시며 수능이며 바쁘게 살아갈 때 나는 여행을 갔다.

여름방학. 30만 원 정도의 돈을 가지고 혼자서 2박 3일 일정으로 여행을 계획했다. 미성년자이기에 걱정되기도 하였지만 그래도 혼자 여행한다는 사실이 낭만적이라 신이 났었다. 어디 갈까 고민하다가 예전에 가족 여행으로 해운대에 갔을 당시, 푸른 빛의 바다와 화려한 빛을 가진 밤거리가 인상 깊었던 생각이 들어 부산으로 선택했다. 우선 숙박시

스무 살, 내 감정의 빛

설을 예약한 뒤 갈아입을 옷, 영상과 사진을 찍기 위한 셀카봉, 우산, 세면도구 등 필요한 물품들을 챙겼고 가장 중요한 '즐거운 마음'마저 챙기며 설레는 마음으로 잠이 들었다.

여행의 첫 번째 해가 떠올랐고 일어나 준비를 마친 뒤 버스 타고 서울역으로 갔다. 도착하니 많은 사람이 있었고 먹을 거리도 다양했다. 그 광경을 보는 순간 너무 설레었다. '여행이 시작되었구나.' 실감이 되었고 나 홀로 여행하는 스스로가 대견하며 앞으로의 일들이 기대되었다.

시간도 많고 차비도 아낄 겸 무궁화호를 탔다. 가다 보니 도착하기까지 오랜 시간이 걸렸고, 아침을 먹지 않아 배가 고픈 나는 열차 탑승 전 꼬마김밥을 포장했다. 열차에 탑승해 자리에 앉아마자 한 행동은 동영상 촬영이었다.
혼자 여행하는 과정을 영상으로 남기고 싶었고 '나만의 VLOG를 찍어보자.' 하며 꼬마김밥 먹는 영상을 찍었다. 그리고 카메라와 대화하며 밥을 먹었다. 그 순간 내가 대단한 유튜브가 된 것 같아 기분이 묘했다.

밥을 다 먹었지만 도착하기까지는 많은 시간이 남았다. 카드 마술을 연습하고, 책도 읽고 핸드폰도 하며 시간을 때웠다. 그렇게 혼자 놀다 지쳐 잠이 들었을 때 "우리 열차에 종점인 부산역~ 부산역에 도착했습니다." 구수한 기사님의 안내 방송이 나왔고 커다란 '부산역'이라는 글자가 나를 힘차게 반겼다. 언제 지쳐 잠이 들었나 싶은 정도로 에너지가 솟았고, 설렘도 두 배가 되었다.

부산에 도착했을 때 가장 먼저 들었던 생각은 '국내라고 다 같은 것은 아니구나'였다. 주변에 들리는 구수한 사투리, 서울과 다른 지하철 노선도, 낯선 교통시설은 나에게 너무나 신선한 풍경이었다. 그 풍경을 보니 빨리 해운대로 가고 싶었고 깊디깊은 지하철역으로 들어가 부산역에서 해운대역으로 출발하였다.

해운대에 도착하자마자 나는 숙소를 향했다. 그런데 숙소를 암만 찾아도 보이지 않았다. 지도를 검색하여 찾아가는데도 도저히 보이지 않았다. 여름이라 덥고 짐도 많다 보니 더 힘들었다. 여행이라고 다 좋은 일만 있는 것은 아니라는 깨달

스무 살, 내 감정의 빛

음을 얻음과 동시에 '그래, 이게 여행의 맛이지.' 생각하며 챙겨왔던 즐거운 마음을 발동시켰고 다행히 숙소를 찾았다.

내가 잡은 숙소는 모텔이나 호텔이 아닌 게스트하우스였다. 이유는 가장 싸기도 했으며 새로운 만남이 생길 수 있는 기회가 될 거로 생각했기 때문이다. 그러나 게스트하우스를 들어가는 순간 놀랄 수밖에 없었다. 책상과 바닥에 굴러다니는 휴짓조각과 과자 부스러기들, 구석에 박혀있는 고양이 한 마리, 게임이 가능한 컴퓨터 2대와 전자피아노, 뭔 개 같은 조합인가 '이게 게스트하우스구나' 하며 오히려 긴장이 풀렸다. 물론 모든 게스트하우스가 그런 것은 아니겠지만 당시는 비수기라 사람이 별로 없었다. 덕분에 6인실 방을 혼자 독차지했었다.

짐을 풀고 밥집을 찾아다녔다. 장시간 기차를 타고 해운대에 도착해서도 오랫동안 헤매다 보니 배가 너무 고팠다. 골목에 있는 분식집에서 해물볶음밥 한 그릇을 시켜 먹었다. 부산에 도착해 가장 처음 먹은 밥이라 그런지 감회가 새로웠고 너무나도 맛있게 먹었다.

속을 든든하게 채운 뒤 곧장 바다로 향하였다. 비록 비는 내렸지만, 그 거리와 풍경이 너무나도 아름다웠다. 하지만 아쉽게도 계속해서 오는 비 때문에 오래 걷지 못하고 근처 카페에 들어갔다.

커피 한잔과 함께 편안한 시간을 보낼 수 있었고 창밖으로 보이는 넓은 바다를 보며 영감을 받아 시를 짓기도 하였다.

그렇게 낭만적인 시간을 뒤로하고 근처 코노(코인노래방)에서 랩도 하고 영화관에서 영화도 보며 나름의 문화생활을 한 뒤 숙소로 돌아왔다. 늦은 시간이라 아무도 없을 줄 알았는데 한 외국인이 있었고 나에게 인사를 하였다. 당황스러웠지만 혼자 여행하는 게 외로웠던 나는 누군가의 인사가 굉장히 반가웠다. 평소에 영어의 영자도 모르는 나였기에 말을 걸지는 않았지만 먼저 외국인이 나에게 말을 걸기 시작하였다. 쏼라쏼라쏼라 하는데 그중 내가 딱 하나 알아들은 말이 있었다.

"where are you from?"
"oh~! KOREA~"

유일하게 알아들은 문장이라 자신 있게 대답하였고 그 이후로도 외국인은 나에게 말을 걸었지만 난 도저히 알아들을 수 없었다. 그리하여 결국 킹 갓 구글 번역기를 꺼냈다. 그 외국인도 나의 마음을 알았는지 번역기를 통해 자기 의사를 전달하였고, 그렇게 우린 핸드폰을 사이에 둔 채 이야기할 수 있었다.

들어보니 그는 나처럼 여행을 왔고 나와 함께 다니고 싶다고 하였다. 당황스러웠다. 본 지 얼마나 되었다고 나랑 같이 여행하고 싶다니…. 그는 적극적으로 나와 같이 지낼 숙소를 알아보려고 하였고 순간 당혹함과 동시에 겁이 났던 나는 곧 돌아가야 한다는 적당한 핑계를 대며 선을 칠 수 있었다. 새로운 만남을 원해서 게스트하우스에 온 것은 맞으나 이런 식인 줄은 몰랐다. 그렇게 '세상에 별일이 다 있구나. 껄껄…' 하며 첫날밤을 맞이할 수 있었다. 낯선 게스트하우스에서 편하게 잘 수 있을까 걱정했지만, 에너지를 많이 써서 그런지 편하게 꿀잠을 잤다.

여행_2

　　두 번째 해가 떠올랐고 고작 하루였지만 나름 정이 들었던 게스트하우스를 떠났다. 가기 전 그 외국인에게 인사하고 싶었는데 아쉽게도 보이지는 않았다. 그렇게 다음 목적지인 센텀시티를 향했다. 센텀시티에 가려던 이유는 그 안에 스파가 있었기 때문이다. 찾아보니 상당히 좋아 보였고 가서 지친 나를 회복시켜야겠다는 생각이 들어 목적지로 잡았다.

그러나 센텀시티에 도착해 가장 먼저 간 곳은 스파가 아닌 피시방이었다. 그렇다. 깜빡하고 2일 차 숙소를 안 잡은 것이었다. 당황스러웠지만 또 한 번 즐거운 마음을 발동하여 이것 또한 여행의 묘미! 스스로 마인드컨트롤 하며 숙소를 구했다.

이번에는 좀 더 신중하게 골라야겠다고 생각하며 예쁘고 시설 좋은 숙소를 찾았다. 어떻게든 방을 잡아 안심되었고 빨리 이 긴장을 풀기 위해 스파로 가야겠다 생각이 들었다. 그렇게 스파로 향했고 그동안의 노고와 스트레스를 풀 수 있었다.

시간이 지나 두 번째 달이 떠올랐고 나는 숙소로 잡았던 광안리로 향하였다.
광안리에 도착하니 시간은 10시가 넘어 여유는 없었지만, 오히려 숙소에 들어가면 사람들 다 자고 있겠다는 생각이 들어 안심되었다. 아무래도 외국인 때문인지 그 당시 낯선 사람을 만나는 것이 겁이 났나 보다.

지정된 숙소에 도착하였고 내 예상대로 사람들은 없었으며 호스트 한 명만 있었다. 호스트의 안내를 받아 숙소에 들어왔는데 어제와는 다르게 방안에는 손님들이 가득했다. 놀란 나는 저녁도 안 먹었겠다 헐레벌떡 나와 광안리를 돌아다녔다. 광안리도 해운대 못지않게 아름다웠는데, 특히 일자로 불빛이 이어져 있는 광안대교는 내 마음을 울렸다.

늦은 시간인데도 많은 사람이 거리를 채웠고 심지어 버스킹하는 사람도 볼 수 있었다. 그러나 시간이 시간인지라 밥집은 보이지 않았다. 결국, 골목으로 들어가서 밥집을 찾아보았다. 다행히 영업 중인 식당을 발견할 수 있었고 외관이 화려해 분위기 있어 좋아 보였다. 심지어 가게 앞에 배치된 메뉴를 보니 '김치볶음밥 6500원', '음~ 가격도 저렴하고 좋아!' 고민 없이 바로 들어갔다.

안은 생각보다 더 화려하였다. 레스토랑의 분위기에 가게 직원들도 모두 깔끔한 유니폼을 입고 있었다. '와, 광안리에 이런 가성비 좋은 식당이 있었다니…, 부산 대단하구나' 생각하던 중 종업원이 물었다.

"몇 분이 오셨어요?"

"저 혼자 왔어요."

그러자 종업원이 당황한 표정으로 다시 물었다.

"어…? 몇 분이서 오셨어요??"

"어…? 저 혼자 왔는데요?"

그러자 종업원은 잠시 '존야의 모래시계('리그 오브 레전드'에
등장하는 아이템)' 마냥 3초 동안 굳더니 이내 말했다.

"이쪽으로 오시면 되세요."

이렇게 자리를 안내해 주었다.

"주문하실 때 불러주세요~"

이렇게 말하며 메뉴판을 건네주었다. 나는 식당 앞에서 무
엇을 먹을지 생각했기 때문에 메뉴판을 열지도 않은 채 대

답했다.

"김치볶음밥 하나 주세요."

종업원은 어이없는 표정을 지었다.

"어? 메인메뉴 주문하셔야 주문 가능하세요."

그 순간 뭔가 잘못되었음을 깨달았다. 메뉴판을 열어보니 크고 아름다운 붉은 랍스터 사진이 반겼고 그 옆에는 150,000원이라는 내 여행경비 절반의 숫자가 나를 반겨주었다.
아…, 그 후 주변을 둘러보니 정장에 셔츠를 입은 세련된 남성들과 진한 화장과 원피스를 입은 화려한 여성들이 보였다. 그렇다. 여기는 밥집이 아니었다. 술집이었다.

"아, 잘못 찾아왔네, 죄송합니다."

이렇게 말하고 도망쳤다. 진짜 너무 쪽팔렸고 부끄러웠다.

츄리닝에 슬리퍼 신고 온 학생, 그것도 혼자. ㅋㅋㅋ
얼마나 어이가 없고 놀랐을까. 그제야 종업원의 행동들이
이해되었다.

너무 어이가 없고 황당한 나머지 그냥 밥 먹지 말까 생각이
들다가도 아니 어쩌다가 내가 이 지경이 되었는데 억울해서
라도 밥 먹어야겠다는 생각이 들었다.
그렇게 식당을 찾던 중 고깃집 하나가 보였고 이것저것 가
릴 처지가 아니었기 때문에 고민 없이 바로 들어갔다.

고깃집에 도착하자 메뉴판을 보고 살짝 움찔하였다. 1인분
에 이만 원. 음…, 한 끼에 이만 원이라, 2끼는 먹을 수 있는
가격이라 부담되었지만 배도 고프고 힘도 없어 바로 주문
했다.

"사장님~ 1인분 주세요.~"
"우리는 2인분부터여~"

아, 맞다. 고깃집은 기본 2인분이라는 것을 깜빡하였다. 그

러나 이젠 돌이킬 수 없었다.

"사장님, 그럼 2인분 주세요~"

질러버렸다.

그렇게 소고기 2인분이 내 눈앞에 나타났고 그 마블링이 마동석 핏줄처럼 아름답게 피어났다. 군침을 뒤로한 채 덩어리 하나 집어 불판에 올리는 순간 치~~~ 적당히 구워 한 입 먹었을 때 내 입안에 행복이라는 것을 집어넣는 기분이었다. 그날은 지금까지도 내 인생에서 가장 맛있게 고기를 먹은 날이기도 하다.

그렇게 배를 채우고 숙소에 들어왔을 때 깜짝 놀랐다. 로비에서 사람들이 맥주 한잔하며 담소를 나누고 있었다. 조용히 들어가려고 하자 호스트분이 말했다.

"어이~ 와서 같이 한잔해요~"
"아…, 저 몸이 피곤해서 괜찮습니다. 하하"

이렇게 말하고는 능청스럽게 방으로 들어갔다. 내가 미성년 자만 아니었어도 같이 노는 건데…. 약간의 아쉬움은 들었 지만, 어젯밤 외국인 트라우마가 몰려와 한편으론 '오히려 이게 다행이다.'라는 생각이 들었다.

이러나저러나 피곤하고 정신없는 하루를 보내 바로 잠이 들 었고 그렇게 나의 2번째 밤이 막을 내렸다.

세 번째 해가 떠올랐다. 날씨는 전과 다르게 화창하였고 밝 았다. 마지막 날이기 때문에 전과 다르게 여유로운 시간을 보내려고 하였다. 카페에서 경치를 구경한 뒤 부산역으로 향하는 이층 버스를 탔다.
다른 이층 버스와는 달리 뚜껑이 열려있었고, 그래서인지 가격도 훨씬 비쌌다. 하지만 부산역으로 바로 갈 수 있는 장 점과 그 과정에서 부산의 경치를 직관적으로 구경할 수 있 다는 것이 좋았다.

버스를 타며 아름다운 바다와 높은 건물, 나를 보고 두 팔을 휘두르며 인사하는 부산 고등학생, 모든 것이 반갑고 좋은 시간이었다. 그렇게 부산역에 도착해 기념품을 산 뒤 ktx를 타고 여행의 막을 내렸다.

이렇게 혼자 여행하며 느꼈던 점 한 가지가 있다. 그것은 바로 아이러니하게도 누군가와 함께 오고 싶다는 점이었다. 혼자 와서 후회한다는 말이 아니다. 이것들을 나만 누리는 것이 아니라 주변 사랑하는 사람들과 함께 누리고 경험하고 싶다는 생각이 들었다. 하지만 나 홀로 여행만이 가지고 있는 매력이 분명히 있으니 꼭 한번 해보기를 추천한다. 내 생각을 정리할 수 있고 다양한 인연을 만날 수 있으니….

아! 그러나 혼밥은 쉽지 않을 것이다. 개인적인 생각으론 밥 먹는 것만큼은 혼자보다 함께하는 것이 나은 것 같다. 아마 혼자 여행을 해본 사람이라면 대부분 공감할 것이다. 나 역시 누군가와 함께 여행했었다면 그런 랍스터 집에 들어갈 일은 없었겠지…. 젠장….

청춘은 여행이다.

찢어진 주머니에 두 손을 내리꽂은 채

그저 길을 떠나도 좋은 것이다.

−체 게바라−

노력

꽃

혹시 이 책을 읽는 독자가 나와 같은 20대 초반
이라면 물어보고 싶다. 살면서 가장 열심히 살았던 순간이
언제인가?

나는 고등학교 3학년 때 가장 열심히 살았다. 지금 생각해
도 그때처럼 사는 게 가능한가 싶을 정도로 열심히 살았다.
아마 대부분의 청년도 고등학교 3학년 때 가장 바쁜 삶을
살았을 것이다. 물론 대학을 가서 사회를 나가서도 똑같이
과제에 치이고 일에 치이며 바쁜 나날들을 보내지만, 수시

스무 살, 내 감정의 빛

와 정시를 준비하며 어른이 될 준비를 하는 순간만큼 정신 없는 순간은 없다고 생각한다.

고등학교 3학년 때는 좀 간절했다. 아무래도 고등학교 2학년 때 학교와 멀어졌고 유튜브도 실패해서 어떻게 살아가야 할지 고민이 많았던 시기였기 때문이다. 그 후로도 무엇을 해야 하나 고민하며 방황하던 중 위탁학교라는 것을 알게 되었다.

흔히 '직업반'이라 불리는 위탁학교는 인문계 고등학교 3학년 때 다른 학교나 학원에서 교육받는 것을 말한다. 진학보다는 취업에 꿈이 있는 학생들을 위해 만들어진 제도이다. 아무리 생각해도 학교 공부는 너무 늦었고 하고 싶지도 않았다. 그 때문에 공부하기보다는 기술을 배우는 게 낫겠다 싶어 제과제빵이란 새로운 도전을 펼쳤다.

그렇게 새로운 공간 새로운 사람을 만나며 제과제빵을 배웠다. 생각보다 더 재미있었고 즐거웠다. 앞으로 나의 삶은 제과제빵 쪽이겠구나 하며 열심히 빵을 만들었다. 그러나 호기심이 많은 나인지라 제과제빵을 하면서도 다른 것들이 눈에 들어왔다.

학교에서 친구들과 친해지려고 마술을 보여주니 마술이 하고 싶어졌고, 래퍼 유튜브의 꿈은 접었지만, 음악에 대한 불씨는 남아 작곡하고 싶어졌고, 영상을 만드는 동아리가 있다길래 서울에 한 영상센터에서 영상 제작도 하고 싶어졌다. 과연 이렇게 하고 싶은 일을 하는 것이 맞을까? 아니 할 수나 있을까? 의문이 들었지만, 결론을 내리기도 전에 모든 것들을 하는 내 모습을 보았다.

참 바쁘게 살았다. 위탁학교가 서울에 있어 왕복 2시간 동안 통학해야 했다. 제과제빵, 음악, 영상, 마술 등 하고 싶은 것이 많다 보니 일 분 일 초가 귀했다. 한창 마술에 빠져 있을 때는 흔들리고 어지러운 버스 안에서 매일 같이 카드를 연습했다.

한번은 버스에서 카드 연습을 하다가 손에 있던 카드를 다 떨어뜨려 54장의 카드를 버스 안에 뿌려버리는 민폐를 끼치

스무 살, 내 감정의 빛

기도 했다. 다행히 사람들이 없어서 또 몇몇 승객분들이 같이 주워주셔서 웃픈 헤프닝으로 넘길 수 있었다. 그 외에도 길을 걸어가며 영상 시나리오 아이디어와 콘티를 짜는가 하면 학교에서 제과제빵 수업을 마치고 음악학원에 가서 10시까지 곡을 쓰고 피아노를 쳤다. 원래 게임을 정말 좋아하고 친구들과 노는 것을 정말 좋아했지만, 이때는 그럴 시간조차 없었다.

그런데 참 아이러니하게 힘들지 않았다. 매일 같이 일 분 일 초 빠듯하게 살아가는 삶인데도 괴롭고 힘들지 않았다. 오히려 즐겁고 매일 내가 성장한다고 생각하니 좋았다. 참 놀라운 경험이었다. 그렇게 1년을 살다 보니 내가 하고자 하는 것들을 통해 많은 것을 이뤄냈다.

제과제빵은 비록 7수를 하였지만, 꾸준히 도전하고 노력하여 따고자 했던 자격증을 따냈다. 또 시간 날 때마다 마술을 연습하고 연습한 결과, 연말에 마술공연을 올릴 수도 있었다. 영상 제작 동아리는 매주 적극적으로 참여하여 단편영화를 만들어 상도 받았다. 이 모든 것을 음대 입시를 준비하며 만들어낸 결과다. 감사하게도 대학도 수시에 바로 붙었다. 솔직히 이 부분에 자부심이 좀 많다. 그만큼 열심히 살았던 한 해였고 지금도 그 시절이 새록새록 떠오른다.

내가 이렇게 많이 도전하고 이룰 수 있었던 이유는 좋아하는 일을 했기 때문이며, 나 혼자 한 것이 아니었기 때문이다. 어떠한 일에 대하여 좋아하는 마음이 있다면 도전은 누구든지 할 수 있다. 그러나 이루어내는 것은 좋아하는 마음만으로는 할 수 없다. 자격증을 따고 마술공연을 올리고 단편영화를 수상하고 음대에 붙을 수 있었던 이유도 주변에서 함께 하는 사람들이 있었기 때문이다.

제과제빵 공부하는 친구들과 서로 응원하며 도와주고, 마술을 연습하며 서로 피드백해주며 나아가고, 영상 동아리 친구들과 함께 작품을 만들어가고, 음악 선생님과 함께 연구했기에 이 모든 것을 이루어 낼 수 있었다.

그러나 그걸 통해 내 삶이 크게 변하진 않았다. 제과제빵 자격증을 따놔도 빵집 아르바이트는 떨어졌고, 마술공연을 올

렸지만, 수익을 낸 것도 아니며, 단편영화도 언제 만들었냐는 듯이 잊혔다. 그리고 음악 전공 대학교는 코로나 때문에 가지도 못했다. 그렇게 노력하고 심지어 좋은 결과를 얻었는데도 내 삶은 더 나아지지 않았다.

그러나 내가 더 나아졌다. 중요한 것은 내가 나아졌다는 점이다. 제과제빵 시험 7수를 하며 주변 친구들에게 위축되었고, 마술 연습을 하며 버스에 카드도 떨어뜨려 민망해도 보았고, 영상 동아리 안에서 약간의 갈등이 생겨 나보다 어린 친구들 앞에서 눈물을 보이며 쪽팔려도 봤고, 음대 입시를 준비하며 주변에 실력 있는 친구들에게 열등감도 느껴보았다.

그 순간들을 이겨내고 더 나은 내가 되었다는 것이 제일 값진 경험이라 생각한다. 한편으론 우리에게 주어진 시간이 참 많다는 것을 느끼기도 했다.
시간이 없다는 말은 핑계라 생각한다. 내가 이렇게 많은 것들을 하며 느낀 것 중 하나가 바로 우리에게 주어진 시간이 많다는 사실이다. 물론 여유는 없을 수 있다. 그러나 시간은 아니다.

대부분 사람은 무언가를 하자고 할 때 '시간이 없다.'라고 한다. 나는 이 말이 여유가 없다고 들린다. 시간은 어떻게든 만들 수 있다. 그러나 여유는 좀 어렵다. 그것이 금전적이든 심리적이든….

나는 결과적으로 열심히 노력했고 이루어냈음에도 내 삶의 변화는 없었다. 그러나 그 순간을 절대 후회하지 않는다. 한편으론 그렇게 생각한다. 지금이라도 고등학교 3학년으로 돌아간다면 조금 더 열심히 살 텐데…. 아마 이런 생각은 모두가 할 것이다. 그러나 시간이 지나면 지금을 또 후회할 것 같아 이 순간을 열심히 살아가려 한다.

현재 노력 중인 고등학교 3학년 혹은 그 시절이 지난 우리 모두한테 박수를 보내고 싶다. 정말 고생했다고 앞으로도 힘내자고….

노력한다고 항상 성공할 순 없지만

성공한 사람은 모두 노렸했단 걸 알아둬.

어른

어렸을 때부터 나는 어른들을 참 좋아했다. 자유롭고, 때론 강한 모습을 보여주며 언제나 나를 응원해주는 어른들이 멋있어 보였다. 때문인지 어린 나이부터 엄마를 따라다니며 어른들의 모임에 종종 참석했다.

친구 부모님의 사업 미팅을 따라다니며 어른들의 독서 모임도 가보고 청소년을 위해 일하는 어른들의 일터인 '푸른나무재단' 또 어른들의 관계 학교라고 해서 '공감 클래스'라는 모임도 가보았다. 이중 나에게 가장 큰 영향을 준 곳이 바로 '공감 클래스'였다.

스무 살, 내 감정의 빛

'공감 클래스'는 어른들이 서로 관계를 배워가고 이해하는 모임이었는데 17살 때 엄마를 따라 처음으로 그 모임에 참석했다. 큰 이유는 없었고 그냥 호기심으로 따라갔다. 많은 어른이 있었고 매일 같이 교복 입은 또래들만 보다가 차려입은 어른들을 보니 신기하였다.

반대로 어른이 보기에도 내가 신기했을 것이다. 어른들의 학교에 어린이가 오다니 반대로 생각하면 학생들 사이에 어른이 낀 셈이다. 그렇게 모임에 참석하며 어른들과 대화를 나누었고 많은 것들을 배울 수 있었다.

공감 클래스의 배움은 절대로 학교에서 배울 수 없는 것들이었다. 그 경험이 너무나도 신선했고 지금 생각해도 당시 공감 클래스에 간 것은 나에게 너무나 큰 선물이었다. 이렇게 새로운 배움을 깨닫고 느꼈지만, 가장 크게 느꼈던 것은 '내가 이렇게까지 관심받고 사랑받은 적이 있나?'였다.

학창 시절 그렇게 노력해도 쉽지 않았던 관심 받기가 이곳에서는 너무나도 쉬웠다. 그냥 앉아만 있는데도 사람들이 관심을 주었고 응원해주었다. 나는 아무것도 한 것이 없는데…. 누군가에게 사랑받는 것이 이렇게 쉬운 것인지 처음 알았다.

그러나 학교에 가면 다시 현실로 돌아왔다. 난 다시 일반적인 사람이었고 누군가에게 사랑받는 존재에서 누군가를 사랑해 주어야 하는 존재가 되었다. 재미가 없었다. 당시 매일 똑같은 교복을 입고 똑같은 말과 행동을 하는 친구들보다 매번 새롭고 항상 나를 좋게 봐주는 어른들이 더 좋았다. 그래서 계속해서 '공감 클래스'에 참여했고 심지어 혼자서도 강남까지 가서 모임에 참석하였다.

어른들의 세계에 가면 다시 내가 주인공이 되었다. 존재만으로 반겨주었고 응원해주었다. 어린이는 인사만 잘해도 뭐가 떨어진다는 아버지의 말씀이 옳음을 느끼는 순간들이었다. 정말 인사만 해도 맛있는 것도 사주시고 용돈을 주시는 어른들도 있었다.
하도 어른들과 함께하다 보니 주변에서 어른스럽다는 말을 많이 들었다. 친구들 사이에서도 심지어 어른들까지도 어른스럽다고 이야기해주셨다. 기분이 좋았다. 내가 또래 친구들보다 인생의 선배가 되는 것 같아 우월감도 들었고, 인생을 앞서는 것 같아 마음에 안정도 생겼다.

어른스럽다는 이야기를 계속 듣다 보니 정말 어른이 되고 싶다는 생각이 들다가도 한편으론 어른이 되면 이 모든 것들이 사라질 것 같아 어른이 되고 싶지 않다는 생각도 들었다. 그러나 시간은 흘렀고 결국 어른이 되었다.

처음에는 믿기지 않았다. '내가 어른이라니…' 항상 위로만 받을 줄 알았던 내가 어른이 되었다. 고등학교를 졸업하고 어른이 되면 많은 것이 바뀔 줄 알았으나 크게 달라진 것이 없었다. 술이나 담배를 하지 않고, 클럽에도 관심이 없어, 그냥 밤 10시 이후 피시방에 갈 수 있는 것을 빼면 크게 달라진 것이 없었다.
그렇게 서너 달 지나 대학생이 되었지만, 코로나 때문에 대학 생활은 제대로 경험하기 어려웠으므로 어른이 되었다고 해서 내 삶이 크게 변화된 것은 없었다.

그래도 어른이 되면 10대 때보다 더 나은 삶을 살 줄 알았다. 하고 싶은 일을 하며 자신의 꿈을 개척해 나아가고 사랑하는 사람들과 좋은 추억을 쌓는 그런 삶을 살 줄 알았다.

그러나 현실은 그렇지 않았다. 세상이 넓어지니 나를 가로막는 것들이 생기고 나를 방해하는 사람들도 생겨났다. 똑같이 상처받고 똑같이 통제당했다. 어른이나 어린이나 고작 작대기 하나 차이일 뿐이었다. 지금까지 내가 본 어른들의 모습은 모두 여유롭고 강한 모습들이었다. 그러나 어른이 되어 본 어른들은 더는 그렇게 보이지 않았다.

그 어른 중 대표가 바로 부모님이다. 평생 커 보였고 존경했던 부모님이 더는 커 보이지 않았다. 물론 지금도 존경한다. 다만, 어른이 되기 전에는 '나도 저렇게 살고 싶다!'와 같은 동경이였다면 이젠 '어떻게 저렇게 살아오셨을까?'와 같은 애잔함이 되었다.

어른이 되어 어른들을 만났지만, 이제는 어른이 커 보이지 않았다. 어른이라고 다 완벽한 것이 아니라는 것을 그때 깨달았다. 배울 점이 많고 멋진 어른들이 있는가 하면 그렇지 않은 어른들도 많았다. 세상의 세속만 쫓아 의미 없이 살아가는 어른들도 있고 매번 사고 치는 어른들도 있었다.

어른이 되어 느끼는 어른의 모습은 10대 때 느꼈던 모습과는 다른 모습을 볼 수 있었다. 그 당시 어른의 모습은 인생의 선배이자 존경의 대상이었다면 이제는 친구처럼 느껴지기도 한다.

한번은 어른이 되어 어린 친구들을 보았다. 그 순간 왜 어른들이 당시의 나를 그렇게 예뻐했는지 이해가 되었다. 그리고 10대 때 나에게 보여주었던 강하고 여유로운 어른들의 모습이 얼마나 대단한 것인지 느낄 수 있었다.

10대의 내가 20대가 된 지금의 나를 본다면 어떤 생각을 가질까? 지금 어른이 되어도 나는 여전히 어린이라고 느낀다. 매번 상처받고 상처 주며 때론 웃기도 하고 울기도 한다. 그 때문에 어른이 되어도 내 맘에는 여전히 어린 마음이 자리 잡고 있으며 이 마음을 늘 감추고 살아간다.
그러나 항상 이 어린 마음을 숨기기가 쉽지 않아 가끔 표출하기도 한다. 이런 점에서 부모님께 참 감사하다. 언제나 나의 어린 모습을 유일하게 이해해주고 받아주시는 존재라….

여담으로 요즘 전자책 글쓰기 강의를 듣고 있는데 그 자리에는 20대, 30대, 40대, 50대, 60대, 다양한 연령대를 볼 수 있다. 내가 유일한 20대지만 10대 때처럼 '아이고 예뻐라.' 하는 어른들의 모습은 볼 수 없었다. 오히려 60대분께서 나에게 '아이고 선생님.'이라고 하는 경우를 보았다. 기분이 참 묘했다. 19살이나 20살이나 한자리 차이인데 대우가 이렇게 달라지다니…. 1년 만에 학생에서 선생님이 되었다.

어른으로서 대우받는 느낌이라 뿌듯했지만, 10대로서의 특권이 사라진 것 같아 씁쓸하기도 하였다. 어쨌든 시간은 흘렀고 나는 어른이다. 그 어른의 모습에 맞도록 부끄럽지 않고 당당하게 살아가고 싶다. 어렸을 때 내가 존경했던 그런 어른들처럼….

20살이 되면 어른이라고 생각했다. 실제로 20살이 되어보니 10대 때 내 모습이 얼마나 어렸는지 느낄 수 있었다. 그러나 군대를 갔다 오니 20살 대학 다녔던 내 모습이 참 어려 보였다. 전역 후 '드디어 내가 어른이 되었구나.' 하는 생각이 들었다. 하지만 한편으론 나중에 결혼하면 지금의 내가 또 어려 보이지 않을까 생각한다.

그동안 내가 생각했던 어른의 모습은 자신을 책임질 수 있고 주변 사람들을 끌어갈 수 있는 사람이라고 생각했다. 그러나 이제는 꼭 그런 것만은 아니라는 생각이 든다. 어른이라고 항상 강할 수는 없다. 가끔은 나약해지고 무너지기도 한다.

진짜 모르겠다. 어떤 사람이 진짜 어른인지. 지금 나는 어른이 되었지만 가끔은 어린이 같이 행동하는 어른이다. 내가 믿고 기댈 수 있었던 어른처럼 나도 그런 어른이 될 수 있을까?

몸은 어른이지만

여전히 어린 나를 어륀이라 부르기로 했다.

-윤경민-

PART

III

상상

예전부터 상상하는 것을 참 좋아했다. 좋아하는 여자랑 데이트하는 상상, 바다가 보이는 해운대에 빌딩을 사는 상상, 회사 대표가 되어 한 세대를 이끌어가는 상상 등 행복하고 달콤한 생각을 많이 했다.

나중에는 상상하던 것들을 방구석에서 혼자 펼치기도 하였다. 한창 힙합에 빠져 있을 때 '쇼미더머니'에 나가는 상상을 하였다. 그러나 머릿속에서 멈추는 것이 아닌 정말 내가 쇼미더머니에 나와 랩을 하고 있다고 생각하며 방안에서 북

치고 장구 친 적도 있다. 부끄러운 이야기지만 상상이라는 것이 어쩌면 꿈을 그리는 것일 수도 있겠다고 생각했다.

그동안 상상해왔던 것들이 결국 내가 이루고 싶은 꿈이며 앞으로 내가 할 일은 상상을 현실로 만드는 것이라는 생각이 들었다. 좋아하는 사람과 행복한 시간을 보내는 것, 좋아하는 일을 가지고 멋지게 살아가는 것, 앞으로의 목표들이 대박이 나는 것, 늘 하던 상상이 나의 꿈이며 목표이기도 하다.

요즘은 책이 대박 나서 베스트셀러가 되는 상상, 음악 앨범이 성공해 멋진 아티스트로 살아가는 상상을 한다. 전역 후 바로 할 일이 책과 음원을 발매하는 것이라 그런지 위와 같은 상상을 자주 하곤 한다.

과학적으로도 상상은 우리가 꿈꾸는 것을 이룰 수 있도록 도와준다. 흔히 '행복 물질'이라고 불리는 '도파민'이 상상을 통해 분비된다고 한다. 도파민이 분비되면 동기부여와 활력이 생겨 실제로 꿈을 이룰 확률이 올라간다. 자동차가

계속 앞으로 나아갈 수 있도록 꾸준히 연료를 넣어주듯이, 우리는 상상을 통해 나아갈 힘을 얻는 것이다.

혹시 당신이 상상하던 것이 있으면 그것은 이루고 싶은 꿈이자 목표일 수도 있다. 그렇다면 그 상상을 멈추지 않았으면 좋겠다. 그리고 나도 여러분도 이러한 상상을 현실로 만드는 순간이 왔으면 좋겠다.

오랫동안 꿈을 그리는 사람은

마침내 그 꿈을 닮아 간다.

-앙드레 말로-

기록

　　모두가 빠르게 지나가길 바라는 군 생활, 나 역시 군대에 왔을 때 가장 먼저 들었던 생각은 '이 1년 6개월이 지나갈 수 있는 시간일까?'였다. 물론 과거보다 정말 많이 줄어든 기간이지만 그런데도 1년 6개월은 절대 짧은 시간이 아니었다.

정신없는 훈련소와 나름 살만했던 취사병 후반기를 끝내 자대배치를 받았을 때 전역까지 500일이 남았던 당시 그 심정은 감히 말할 수 없다. 앞으로 500일을 어떻게 보낼지 고민도 많았고 절대 의미 없는 시간이 아니었으면 좋겠다는 생각으로 일기를 쓰기 시작하였다. 일기의 내용은 정말 없었다. 그냥 무엇을 하였는지 그 일을 통하여 무슨 감정을 느꼈는지 정말 간단하게 썼다.

매일 취사 업무를 하며 정신없이 하루하루를 보내고 그 끝을 일기로 마무리하였다. 그런 일상에 반복을 거듭하니 걱정과 다르게 내 군 생활은 빠르게 녹고 있었다. 매일 밥을 하고 설거지를 하니 맞후임이 들어왔고, 돼지고기 김치 볶음을 볶고 똥 된장국을 끓이다 보니 어느새 분과에서 2짱이 되어 있었다.

시간은 꾸준히 잘 흘렀고 일병 4호봉이 되어 첫 휴가도 다녀왔다. 군대를 다녀온 사람들은 모두 느낄 것이다. 정말 감방에서 살다가 출소한 기분이었다.
코로나 때문에 외출, 외박, 면회가 전부 통제되어 있던 시기라 더 달콤하고 행복했던 첫 휴가였다. 그리고 첫 부대 복귀는 정말 쓰라리고 암울했다. 마치 출소했는데 다시 잡혀 감방에 들어가는 기분이랄까….

스무 살, 내 감정의 빛

그렇게 부대 복귀 후 가장 먼저 했던 것은 걱정이었다. 휴가 때 주변 지인들을 만나고 그들의 행보와 삶을 보고 오니 내가 굉장히 잘못 사는 것 같았다. 나는 온종일 밥만 하고 살았는데 밖에서는 공연하거나 음원을 내거나 여러 가지 활동을 하는 모습이 부럽고 씁쓸했다.

사회에서 그들이 보낸 6개월과 내가 군대에서 보낸 6개월, 같은 시간을 살았지만 다른 결과를 볼 수 있었다. 통제당하는 군대이기에 어찌 보면 당연하지만, 당시 나는 조급했다. '내가 군 생활을 잘못 보내고 있나?' 생각했고 군 생활을 어떻게 보낼지에 대한 고민이 걱정으로 바뀌었다.

그렇게 처음으로 군대에서 크게 현타를 느꼈다. 6개월이라는 시간 동안 내가 발전한 게 무엇인가? 정말 아무것도 한 게 없고, 계속해서 시간을 버리는 기분이 들었다. 그렇게 혼자 실망하고 좌절하던 중 그동안 썼던 일기를 보았다. 생각하려고 해도 생각나지 않았던 6개월간에 삶이 일기를 보는 순간 그 하루하루가 다 떠올랐다. 그리고 6개월이라는 시간이 굉장히 내 삶에 폭넓게 자리 잡고 있었다는 생각을 하며 마음을 다잡을 수 있는 계기가 되었다. 무엇을 하며 나를 발전시키고 시간을 알차게 보낼지에 대한 결론도 내릴 수 있었고 앞으로 군 생활을 더 잘 보낼 거라는 용기도 가질 수 있었다.

밤 10시 취침 시간 이후 사지방(사이버 지식 정보방)이나 휴게실을 통해서 따로 공부할 수 있는 연등 시간이 있었다. 아침부터 일찍 일어나 밥을 해야 하는 취사병이기에 연등하는 것이 쉽지 않았지만, 자기계발과 알찬 군 생활을 위해 연등을 시작했다.
영어공부도 하고 독서도 하고 취미로 그림도 그렸다. 매일 밤 1~2시간 정도 나를 발전시키는 일을 하였고 무료했던 군 생활을 채울 수 있는 좋은 시간이었다.

만약 내가 일기를 쓰지 않고 군대를 보냈다면 정말 밥을 한 것 말고는 기억에 남는 것이 없을 수도 있었다. 그리고 책에 이런 내용도 쓰지 못했을 것이다.
좋았던 추억, 힘들었던 기억, 그 모든 것들을 기억할 수 있는 이유는 바로 기록했기 때문이라고 생각한다. 기록은 곧 기억이다. 우리의 머릿속에 기억은 사라질 수 있지만, 기록은 절대 사라지지 않는다. 인상 깊었던 하루, 행복했거나 힘들었던 시절, 이러한 기록들이 내 삶을 더 단단하게 만들어 주었다.

기록은 곧 기억이다.

- 앙드레 말로 -

휴식

우리는 일상에 피로와 스트레스를 해소하기 위해 휴식을 취한다.

고등학교에선 1시간 중 10분씩 주어지는 황금 같은 쉬는 시간이 있다. 교실 뒤편에서 화장하고 고대기를 사용하는 여자애들이 있는 반면, 이어폰을 끼고 엎드려 자는 조용한 친구도 있다. 또 앞반 뒷반 돌아다니는 홍길동 같은 친구들도 있다.

군대에서도 개인 정비시간(휴식 시간)이 주어지면 누구는 핸드폰 게임을 하고, 누구는 체력 단련실에 가서 운동하며 누구는 여자친구와 전화하는 등 각자의 방식으로 휴식 시간을 보낸다.

물론 가장 많이 본 경우는 핸드폰으로 틱톡이나 유튜브, 인스타그램을 보며 시간을 보내는 경우이다. 나 역시 휴식을 취할 때 가장 많이 하는 행위이기도 하다. 그런데 문득 그런 생각이 들었다. 내가 유튜브와 인스타그램을 통해 남의 삶을 보는 것을 정말 좋아해서 하는 것일까? 혹은 무엇을 해야할지 몰라 그냥 보는 것은 아닐까?

나는 위와 같이 휴식을 취하면 좋은 감정보다는 허무한 감정이 밀려왔다. 시간이 금방 사라지는 것과 더불어 그 시간이 조금도 기억에 남지 않았다. 물론 휴식 시간이 꼭 기억에 남아야 하는 시간이거나 내 삶을 발전시켜야 하는 시간은 아니지만, 삶을 더 이롭게 만들어 주어야 하는 귀한 시간이 되었으면 했다.

스무 살, 내 감정의 빛

〈오티움〉의 저자 정신건강 의학과의 문요한 전문의는 '세바시'에서 이렇게 말씀하셨다.

"놀이 같은 휴식을 해야 한다."

위와 같이 핸드폰으로 SNS를 하는 행위보단 조금 더 활동적이고 영양가 있는 휴식을 취하는 것이 더 올바르다는 이야기이다.

하지만 꼭 활동적이고 영양가가 있는 일을 해야 한다고 해서 굳이 하기 싫은 일을 억지로 하라는 이야기는 결코 아니다. 하기 싫지만 좋다고 말하는 일을 하다 보면 에너지만 쓰고 제대로 된 휴식을 할 수 없다. 그렇기에 에너지를 사용하며 또 다른 에너지를 얻을 수 있는 진짜 영양가가 있는 휴식 활동을 찾아야 한다.

그렇다면 과연 어떤 휴식이 좋은 휴식이라고 말할 수 있을까? 당연히 하고 싶은 것을 하는 것이다. 그러나 하고 싶은 것이 마땅히 생각나지 않으니 대부분 사람은 위와 같이 핸드폰을 잡고 시간만 보내게 된다. 나 역시 마찬가지다. 만약 자신이 무엇을 하고 싶은지 모른다면 균형 맞춘 휴식을 취해보는 것은 어떨까? 휴식의 균형을 맞춘다는 것은 자신이 평소에 하는 일과 다른 유형의 일을 하는 것이다.

내 경우는 평소에 곡을 쓰는 것과 글을 쓰는 것이 나의 일이기에 대부분 앉아서 시간을 보낸다. 그러니 그와는 반대되는 활동적인 일을 했다.
즉, 춤을 추며 휴식 시간을 보내는 것이다. 에너지를 많이 쓰는 활동이기에 부담되지 않냐고 할 수 있지만, 춤을 추는 활동을 통해서 다른 에너지를 얻을 수 있기에 전혀 문제가 없었다. 오히려 앉아만 있고 움직이지 않는 것보다 몸을 움직이며 삶의 활력을 불어넣는 것이 더 좋다.

만약 나처럼 앉아서 하는 일이 아닌 활동적인 일을 한다면 그와 반대로 차분한 활동을 해보는 것이다. 독서가 될 수 있고, 미술이 될 수 있고, 음악 감상이 될 수 있다. 이러한 활동을 통해 자신의 취미를 찾을 수도 있고 훨씬 영양가 있는 휴식을 취함으로써 삶의 활력도 올라갈 것이다.

말년 때 부대에 코로나가 터져 장기간 격리되었다. 그때 내 심정은 마치 하늘에 날아가 하나님과 하이파이브 하는 느낌이었다. 이렇게 오버할 만큼 행복했던 순간이었다. 물론 격리가 답답하고 힘든 것은 사실이나 평소 군에서 밥을 하고 주말에도 바쁜 일정을 보낸 나에게는 역으로 선물이었다. 코로나가 우리를 힘들게 하는 것은 사실이다. 그러나 일에 지친 사람들, 휴식이 필요한 사람들에게는 아이러니하게 선물처럼 느껴지기도 한다.

격리 때는 정말 아무것도 할 게 없었다. 먹고 싸고 자고 그것이 하루의 일과였다. 이것들을 제외하고는 다 자유시간이었다. 덕분에 너무 행복했다. 평소에 갖지 못했던 휴식 시간을 가질 수 있어서….
그러나 그것도 며칠이었다. 격리는 생각보다 힘들었다. 밖에 나가지도 못하고 제대로 움직이지도 못했다. 휴식에 균형이 잡히지 않았다. 그렇게 3일 정도 지났을까, 당장 나가서 일하고 싶다는 생각이 들었다. 누워서만 쉬니 아무리 쉬어도 쉰 것 같지 않았고, 오히려 답답했다. 그 일을 겪고 나니 균형 잡힌 휴식이 얼마나 중요한지를 다시 한번 깨달을 수 있었다.

삶을 살아가면서 휴식은 필수다. 막연하게 핸드폰만 보며 휴식을 취하지 말고 자신에게 좋은 영향을 주는 휴식을 찾아보면 어떨까?

스무 살, 내 감정의 빛

얼마나 쉬느냐가 아니라

어떻게 쉬느냐가 중요하다.

-매튜 에들런드-

환경

꿇

나는 밖에 있으면 시간을 참 잘 활용한다. 하지만 집에 있을 때는 유독 시간을 낭비한다. 흔들리는 버스, 사람들이 북적이는 답답한 지하철에서는 책을 읽기가 쉽고, 좋다. 그러나 조용하고 아늑하며 편안한 집에서는 유독 책을 읽는 것이 어렵고 힘들다.

음악 작업하는 것도 마찬가지다. 집에서는 좋은 음질로 편안하게 들을 수 있는 모니터링 스피커와 편안하게 작업이 가능한 듀얼 모니터, 언제든지 멜로디를 연주

스무 살, 내 감정의 빛

할 수 있는 건반까지 갖추어져 있다. 작업할 수 있는 환경이 충분해 별 어려움 없이 곡 작업을 할 수 있지만 잘 잡히지 않는다. 반면 달랑 노트북 한 대에 마이크 하나 있는 지인 작업실에서는 그렇게 작업이 잘 될 수가 없었다. 한창 랩에 빠져 있던 시절, 집에서는 그저 그런 '햄스터'라면 밖에선 어마무시한 '몬스터'가 되어 있곤 했다. 이처럼 사람마다 일을 잘할 수 있는 환경과 공간이 존재한다.

고등학교 1학년 초반까지도 흔히 말하는 SKY가 맘만 먹으면 갈 수 있는 곳이라고 생각했던 철 없던 시절이 있었다. 중학교 때까지 공부와 거리가 멀었던 나였지만 고등학교는 다르게 보내고 싶어 학원까지 다니며 공부했다.
그렇게 오지 않을 것 같던 시험 기간이 다가왔고, 잘 보고 싶은 욕심이 있어 벼락치기를 시작했다.

'진짜 오늘은 밤새고 죽자.' 이렇게 다짐하며 진~하게 공부하려고 마음을 먹었다. 마음을 먹는 김에 밥도 같이 먹었고, 그렇게 진짜 시작해야지 하는 찰나 방이 너무 지저분해 깔끔하게 바닥과 책상을 정리했다. 그 뒤 다시 책을 펴는데 저

멀리 나를 부르는 중학교 졸업앨범을 보았다.

그때부터 무언가 잘못되었다는 것을 느낄 수 있었다. 그 당시 동창들 얼굴이 왜 이렇게 반가운지, 시간 가는 줄 모르고 졸업앨범을 보았다.

다시 정신을 차리고 보니 몇 시간은 훌쩍 지나가 있었고 '이젠 진짜 공부하자.' 생각하니 '인간은 도대체 왜 존재하는 것일까?'와 같은 쓸데없는 생각을 했다. 아마 대부분 나와 비슷한 경험을 한 사람들이 있을 것이다. 정말 시험공부만 하려고 하면 주변에 재미있는 것들이 왜 이렇게 많은지…. 아직도 참 미스터리이다.

결국, 수학, 영어 30점대 맞고 SKY는 X밥이라고 생각했던 내가 X밥이었구나! 하며 나 자신을 돌아볼 수 있는 좋은 경험이었다. 그리고 느꼈다. 나에게 집이란 쉽게 공부할 수 없는 공간이라고, 나를 유혹하는 것이 너무나도 많으며 언제든지 포기할 수 있는 환경이라고.

그래서인지 요즘 사람들은 도서관이나 독서실을 이용한다.

더 나아가 이젠 카페에서 공부하는 사람들이 늘어났다. 예전에는 친구나 가족 혹은 연인이 서로 대화하는 모습을 볼 수 있었다면 현재는 노트북을 편 채 공부 혹은 개인 업무를 하는 사람들이 많다. 특히 스타벅스가 유독 심한데 얼마나 공부하는 사람들이 많은지 '노트북 없으면 출입 금지'라는 농담이 생길 정도이다. 카페에서 공부하는 사람들이 더욱 많아지니 흔히 '카공족'(카페에서 공부하는 종족)이라는 명칭도 생겨났다.

실제로 아르바이트 전문 포털 '알바천국'이 대학생 840명을 대상으로 설문조사를 진행한 결과, 응답자 93%가 '카페에서 공부해 본 적이 있다.(아시아경제/2022.10.21.)'라고 답변하였다. 이처럼 그들이 굳이 시간과 돈을 써가며 카페에서 공부하는 이유는 당연히 카페에서 일이 더 잘 되기 때문이다. 다른 곳에 비해 편의 시설이 잘 갖추어져 있으며 도서관이나 독서실처럼 너무 답답하지 않고, 집처럼 너무 편안한 느낌은 아니기에 점점 카페에서 공부하는 것이 유행한다. 또 타인의 시선을 의식하여 일에 더 집중하게 하는 호손 효과도 있다.

이처럼 게임에서 전사는 검을, 궁수는 활을, 마법사는 지팡이를 무기로 사용하듯이 나도 나에게 맞는 무기, 즉 일을 잘할 수 있는 공간과 환경을 찾아야 한다. 만약 해야 하는 일이 잘 잡히지 않는다면 이곳저곳 돌아다니며 하고자 하는 일을 해보자.

마이크 앞에서 멜로디를 짜는 것보다 길을 걸으며 흥얼거릴 때 더 좋은 멜로디가 나오고, 집 컴퓨터로 글을 쓰는 것보다 피시방 컴퓨터로 글 쓰는 것이 더 잘 써지는 것처럼 예상치 못한 곳에서 자신에게 맞는 환경을 발견할 수 있다.

스무 살, 내 감정의 빛

변하고 싶다면

변할 수밖에 없는 환경부터 만들어라.

-웬디 우드-

돈

꩜

친구들과 이야기하다 보면 다양한 주제가 나오
는데 그 중 빠지지 않는 주제가 바로 '돈'이다. 돈은 우리가
살아가면서 꼭 필요한 존재이고 의식주뿐만 아니라 여가 활
동, 취미활동 등 우리의 행복을 위해서 꼭 필요한 존재이다.
그래서인지 친구들과 돈 관련된 이야기를 종종 하였고 "만
약 너에게 10억이 생긴다면 무엇을 하고 싶어?"와 같은 질
문들이 오가기도 하였다.

대부분 10억의 돈이 생기면 차를 사거나 여행하든 본인이

하고 싶고 가지고 싶었던 것들을 이루고 싶다고 한다. 나 역시 비슷하다. 나에게 10억이 생긴다면 가고 싶었던 미국을 여행하고 작업실 하나 차린 뒤 음악 장비를 전부 바꿀 것이다. 이처럼 10억의 돈을 당장 가진 것이 아니며 앞으로 가질 거란 보장도 없지만 언제나 부자를 꿈꾸며 살아간다.

난 어렸을 때 돈에 대한 욕심이 크게 없었다. 그냥 엄마가 주시는 용돈으로 일주일을 살아갔고 크게 불만도 없었다.
하지만 고등학교에 들어가서 조금씩 부족하다는 생각이 들었다. 학교가 멀다 보니 교통비는 기본이었고 학원에 다니다 보니 저녁도 꾸준히 챙겨 먹어야 했다.
당시엔 더 맛있는 것을 먹고 싶었지만, 편의점 삼각김밥으로 배를 채우기도 하고, 주머니 두둑한 친구를 부러워하기도 했다. 그래도 부족하면 채워주시는 부모님이 있었기 때문에 문제가 되지는 않았다.

그러나 성인이 되어서는 부족한 것이 문제가 되었다. 더는 부모님께 금전적인 부분에 기대기가 쉽지 않았고 내가 나를 책임져야 하는 순간이 왔다.

어렸을 때부터 친구들과 노는 것을 좋아했고 무언가 배우는 것을 참 좋아했다. 친구들을 만나면 밥 먹고 카페 간 뒤 피시방 혹은 노래방을 갔고 무언가 배우기 위해서 학원에 다니던가 레슨을 받곤 하였다. 이러한 것들을 하기 위해선 당연히 돈이 필요했다.

어려서는 부모님의 지원이 있어서 배울 수 있었지만, 지금은 내가 능력이 되지 않는다면 할 수 없는 것들이다. 돌아보면 남들처럼 비싼 사교육을 받지 않아서 부모님의 주머니를 힘들게 하지 않아 가끔은 그것도 효도라고 큰소리치기도 한다.
안 다녀본 것은 아니었지만 결국은 내가 진도를 따라가지 못해 몇 달 다니다 말았다. 지금 생각하면 몇 달 다닌 것도 아깝다는 생각이 든다. 내심 어머니는 미안하면서도 다행이라 생각하셨단다. 이런….

지금도 난 많은 사람을 만나고 많은 것들을 배우고 싶다. 그러기 위해선 역시 돈이 필요하다.
요즘은 늘 돈을 많이 벌고 싶다고 생각한다. 지금 내가 음원과 책 출판을 준비하는 이유 중 하나는 돈을 벌기 위한 것도 있다. 물론 좋아하는 일을 통해 내 감정과 생각을 보여주기 위한 것도 있지만 그것은 음악 동아리를 하던지 SNS에 글을 올리든지 등 다른 방법으로도 가능하다.

하지만 난 내가 가진 내 능력과 재능으로 돈을 벌며 그 돈을 통해 더 많은 것을 경험하고 싶고 그러기 위해선 역시 수익적인 부분을 고려할 수밖에 없다.

돈을 많이 벌고 싶다고 생각한 또 다른 경우는 친구들과 더치페이하며 느꼈다.

난 더치페이를 별로 좋아하지 않았다. 서로한테 벽이 있는 것 같고 계산적인 관계 같다고 느껴져 더치페이보다는 서로에게 사주는 것을 더 선호하였다.

예를 들어서 내가 밥을 사고 상대방이 커피를 사던지, 내가 영화표를 사고 상대방이 팝콘을 사던지 등 서로서로 사주고 챙겨주는 것이 더 좋다고 생각했다. 그 때문에 누군가가 나에게 사주거나 내가 누군가를 사줄 때 부담되거나 불편한 경우는 없었다.

한번은 친구랑 밥을 먹은 뒤 내가 밥을 사려고 하자 더치페이하자고 하는 친구가 있었다. 조금은 서운했다.

3명 이상이면 모를까 단둘이서 그것도 친한 친구가 밥 한번 사주는 게 그렇게 부담스럽고 싫은가? 아니면 내가 불편한가? 이해가 되지 않았다.

하지만 시간이 지나면서 그 친구의 마음을 이해할 수 있었다. 당시 쓰는 돈이 많지 않아 경제적 여유가 있었던 나는 밥을 사주는 것이 크게 부담되지 않았다. 그러나 그 친구는 경제적 여유가 없었고 그렇기에 내가 돈을 쓰는 것에 있어 다시 돌려주어야 하는 부담으로 느낀 것은 아닐까 하는 생각이 들었다.

이 생각은 확신으로 바뀌었다. 곧 나 또한 금전적인 여유가 없어지니 그 친구의 마음을 더 이해할 수 있었다.

내가 누군가를 사주기엔 이제 부담이 되었고 누가 나에게 사주면 다시 갚아야 하는 빚처럼 느껴졌다. 그렇기에 나도 조금씩 더치페이를 선호하였고, 그게 더 마음이 편해지는 순간들이 찾아왔다.

그러나 더치페이를 할 수 없는 상황도 생겼다.

한번은 성인이 되어 아는 동생과 밥을 먹은 적이 있는데 왠지 사주어야 할 것 같은 느낌을 받았다. 예전에는 금전적인 여유가 있어 편하게 사줄 수 있었다면 이젠 카드를 쥘 때 손이 조금씩 떨렸다.

왜 그런 말이 있지 않은가 '우리가 돈이 없지, 가오가 없냐?' 그 말이 딱 생각났다. 돈은 없지만 그런 데도 있는 척해야 하는 현실….

예전에 형들이 나에게 그렇게 밥을 사주셨는데…. 지금 그 형들의 입장이 되어보니 얼마나 대단하고 멋있는 형들이었는지…, 참으로 감사하다.

'세상에 돈이 전부가 아니다'라는 말이 있다. 하지만 돈 없이는 살아갈 수 없는 것이 현실이라고 생각한다. 그 때문에 금전적인 부분에서 벗어나고 싶고 많은 돈을 벌고 싶다. 그러나 이 돈을 버는 과정에 눈이 멀어 주변의 소중한 것들을 보지 못할까 봐 가끔 두렵기도 하다.

그러나 누군가에게 베풀거나 받는 것이 부담스럽지 않으려면 여유가 있어야 하고 그 여유를 가지려면 결국 돈이 필요하다.

나는 누군가에게 베푸는 것도 좋아하고 받는 것도 좋아한다. 앞으로도 베풀고 싶고 함께 나누고 싶다. 혹여나 이 책이 베스트셀러가 된다면 꼭 연락해주길 바란다. 밥 한 끼 살 테니.

돈은 유일한 해답은 아니지만

차이를 만들어낸다.

-버락 오바마-

보상

우리가 해야 하는 일을 하려고 하면 항상 유혹하는 무언가가 있다. 많은 사람이 공감하겠지만 가장 대표적인 것이 핸드폰이다. 나 역시 공부하다가도 당장 핸드폰을 집어 SNS와 유튜브를 보고 싶고, 밀린 웹툰과 넷플릭스를 정주행하고 싶다. 이러한 유혹은 매번 내가 해야 하는 일을 방해하고 목표했던 것들을 제때 이루지 못하게 만든다. 심지어 아예 유혹에 빠져 삶의 패턴이 무너지는 모습도 볼 수 있다.

스무 살, 내 감정의 빛

한때 하고 싶은 것과 해야 하는 것을 구분하지 못한 채 헤매던 시절이 있었다. 지금도 그렇지만. 나에게 당장 필요하고 중요한 게 무엇인지 잘 알지 못했고, 눈앞에 있는 일도 어떻게 해야 하는지 몰랐다. 이런 내 모습은 평소 꿈꾸던 목표들을 이루기 위해서라도 바뀌어야 하는 부분이었고, 나의 모습을 바로잡으려면 마음가짐에 변화도 필요했다.

어렸을 때 엄마는 나에게 일을 시키고 그에 맞는 보상을 주셨다. 설거지하면 천 원, 엄마 말 잘 들으면 게임 1시간, 예쁜 짓 하면 장난감 등 어떠한 일을 하면 그에 맞는 보상을 받았다. 설거지와 엄마 말을 잘 듣는 것은 귀찮고 쉬운 일이 아니었지만, 그에 맞는 보상이 있었기에 보람차게 열심히 할 수 있었다.

이처럼 나에게 당근과 채찍을 주는 방법을 사용하는 것은 어떨까 생각이 들어 일상에 적용해 보았다. 팔굽혀 펴기 100개를 한 뒤 바나나 우유를 마신다든지, 곡 작업을 끝낸 뒤 롤 한 판을 한다든지, 사소하지만 확실하게 해야 하는 것과 하고 싶은 것을 구분하는 것이다.

곡을 작업하다 보면 레퍼런스를 찾거나 여러 가지 음악을 듣는 경우가 있는데 항상 다른 곡을 들을 때마다 그 곡을 분석하기보다 춤을 추고 싶어 몸이 근질거리는 경우가 많았다.

글을 쓸 때도 펜과 종이가 있다 보니 글을 쓰는 것보다 그림을 그리고 싶었다. 하지만 춤과 그림은 그저 좋아하는 취미인 '하고 싶은 것'이고 글과 음악은 책 출판과 앨범 발매라는 분명한 목표가 있는 '해야 하는 것'이었다.

그렇기에 그림을 그리고 싶다고 해야 하는 글쓰기를 포기하거나, 춤을 추고 싶다고 해야 하던 곡 작업을 멈추게 된다면 내가 목표했던 일들을 이루기 어려울 것이다.

그래서 나에게 한 가지 제안을 했다. 바로 해야 하는 일을 하고 난 뒤에 하고 싶은 일을 하는 것이다. 글을 다 쓰고 그림을 그리는 것, 곡 작업을 완료하고 춤을 추는 것, 그것이 내가 나에게 주는 보상이다.

이러한 목표는 항상 구체적일수록 좋다고 생각한다. 예를 들어 '글 1시간 쓰고 그림 그리기' 보다 '글 한 문단 쓰고 그림 그리기'가 더 마음 편하고 좋은 결과를 가져왔다. 하지만 도저히 안 써지는 날에는 그냥 시간을 기준으로 둘 때도 있었다. 중요한 것은 그림을 그리는 것보다 글을 쓰는 것에 더 중점으로 둔다는 사실이다.

이 보상심리는 과학적으로도 우리와 연관되어있다.
의욕이나 동기는 측좌핵이 흥분했을 때 높아진다. 또한, 측좌핵의 '뉴런'은 '보상을 얻을 수 있는 자극'을 받으면 흥분한다. 어떤 일을 달성해 성취감을 느끼거나, 칭찬받는 것 그런 정신적인 보상을 얻으면 측좌핵의 뉴런이 흥분한다. 누구나 충분한 보상을 받지 못하면 일할 마음이 생기지 않는 법이다. 뇌도 마찬가지다. 〈〈당신의 뇌는 최적화를 원한다〉 -가바사와 시온-)

이 글을 쓰는 순간에도 내 앞에는 그림 노트가 있다. 지금 당장이라도 때려치우고 그림을 그리고 싶지만, 그러면 그림을 그리는 순간에도 찝찝함을 지울 수가 없다. 그러나 글을 다 쓰고 그림을 그린다면 그림을 그리는 과정이 더 달콤할 것이다.

그러니 본인의 목표나 해야 하는 일이 생긴다면 꼭 보상을
정해두길 추천한다. 오운완(오늘 운동 완료) 한 뒤 넷플릭스
보며 시원한 음료 한 잔, 과제 제출 후 맛집 가기 등.
나는 오늘 분량 다 썼으니 그림 그리러 가야겠다 헤헷ㅎ

나는 살면서 단 하루도 일한 적이 없다.

모두 재미있는 놀이였을 뿐이다.

-토마스 에디슨-

열등감

꠰꠱

세상에는 다양한 사람들이 참 많다. 대학교, 동아리 등 모임 속에서 다양한 사람을 보았다. 그중엔 나보다 뛰어난 사람도 많아, 그런 사람들에게 '열등감'을 가졌었다. 나보다 실력이 좋은데 경력이 짧다면 '이런 불공평한 세상!' 하며 투덜거리곤 하였다. 이렇게 열등감이 심해지면 '자기 혐오'에 빠져 남과 나의 삶을 비교하며 자신을 비하하게 된다.

그 때문에 해야 하는 일을 제대로 하지 못하고 시간을 낭비한 적도 많았다. 이상하게 극복되지 않았다. 좋지 않은 영향을 주는 것을 알면서도 의식하지 않는 것이 참 어려웠다.

평소에 사람들을 만나는 것을 좋아하지만, 열등감이 심해지니 사람 만나는 것이 두려워졌다. '나보다 잘난 사람을 만나면 어떡하지…' 전에는 누군가를 만나는 것이 설렘과 기대였다면, 이젠 불안과 시련이 되었다. 하지만 그것보다 힘든 것은 아무도 만나지 않는 것이었다. 따라서 열등감을 피할 수는 없었다.

열등감은 과거부터 현재까지 꾸준히 나를 따라왔다. 나보다 친구들이 많은 친구에게서, 나보다 음악을 잘하는 친구에게서, 나보다 돈이 많은 친구에게서 항상 열등감을 느꼈다.

열등감이라는 단어를 만든 알프레드 아들러는 이렇게 말하였다. '열등감은 피해갈 수 없다. 인간에게 열등감은 매우 보편적이고 정상적인 감정이다.' 즉 그동안 내가 느낀 감정은 굉장히 자연스러운 감정이었고 다르게 말하면 피할 수 없는 감정이란 이야기다. 열등감은 변하지 않는다. 그렇기에 내가 변해야 했다.

과거에는 모임을 가면 나보다 실력이 낮은 사람들이 있는 것을 좋아했다. 내가 인정받을 수 있기 때문이다. 나보다 뛰어난 사람들이 있으면 인정받지 못해서 싫었다. 그 때문에 어느 모임을 갈 때도 나보다 잘하는 사람들인지 못하는 사람들인지 확인하고 갔다.

잘하는 사람들이면 열등감에 빠져 괴로워할까 봐 꺼렸다. 반면 못하는 사람들이면 그런 열등감에 빠지지 않기에 모임에 참여했다.

심리적으론 좋았다. 그러나 그 이상이 없었다. 그냥 지금까지의 모습으로 만족해야 하는 것이었다. 하지만 나보다 뛰어난 사람을 만나면 그 이상을 볼 수 있었다. 물론 나보다 잘하는 사람을 인정하고 받아들이는 게 쉽지는 않았다.

그러나 인정하는 순간 나는 더 성장했다. 그 과정과 결과를 본 후, 더는 나보다 뛰어난 사람을 보는 것이 두렵지 않았다. 오히려 반가웠다. 내가 배울 수 있는 존재를 만났고 동기부여를 주는 존재가 나타나서….

열등감은 '양날의 검'이라 생각한다. 앞에 언급한 심리학자

알프레드 아들러는 올바른 열등감과 보상을 통해 인격을 만들어 나가는 것이 중요하다고 했다. 즉 열등감만 잘 사용한다면 나에게 좋은 영향을 주는 것이다.

시점을 바꾸었다. 나보다 잘난 사람이 있으면 그 사람이 왜 잘났는지를 분석했다. 그리고 그 점을 나에게 흡수시켰다. 그냥 '아, 얘가 나보다 더 잘하네…'에서 끝나는 것이 아닌 '왜 얘가 나보다 잘하지?'와 같은 배움의 시선으로 보았다. 그렇게 하니 결과적으로 내가 발전하는 데 도움이 되었고 심리적으로 안정도 되었다. 그래서 나는 나보다 잘난 사람을 보면 내 사람으로 만들려고 노력한다. 정확히는 동료로 만든다.

그때부터 열등감이 놀라울 정도로 줄었다. 상대방을 인정할 줄 알고 받아들이니 이제는 자기 혐오에 빠지거나 우울한 일도 없었다. 또 이런 자세를 가져야지 앞으로 나아가는데 발전이 있다고 생각했다.

우리에게 열등감이 찾아왔을 때 어떻게 받아들여야 할까?.

'나는 패배자야.', '내 인생은 망했어.' 하며 좌절하고 끝날까? 아니면 '저 사람이 나보다 뛰어나네. 왜지?', '저 사람은 저래서 뛰어나구나!' 하며 나아갈까? 그것이 우리가 성장하기 위해 풀어내야 하는 숙제라 생각한다.

요즘은 열등감이 찾아오면 반갑다. 나를 성장시킬 존재가 나타났구나! 그래서 피하는 것이 아니라 정면으로 부딪친다. 막 물어보고, 보여주고 그러다 보면 열등감을 느끼게 한 존재가 아이러니하게도 정말 든든해진다. 즉 적군이 아닌 아군을 만드는 것이다.

가령, 주변의 친하지 않은 지인이 떼돈을 벌었다고 하면 어떤가? 굉장히 배가 아프다. 그러나 우리 가족 중 한 명이 떼돈을 벌었다고 하면? 바로 신나게 트월킹 추며 소리 지를 것이다(대충 겁나 신난다는 의미).

똑같이 돈을 벌었지만 다르게 생각하는 이유는 바로 관계의 차이다. 지인은 엄청 가까운 관계가 아니므로 배가 아프지만, 가족은 가까운 관계라 매우 기쁘다. 즉 열등감을 주는 상대를 가까운 관계로 만들면 나를 위축시키고 초라하게 만드는 존재가 아닌 든든하고 발전시키는 존재가 된다.

만약 그게 너무 어려운데 나를 자꾸 초라하게만 만든다면 그냥 피하라. 하지만 한 번쯤은 부딪쳐보길 바란다. 그러면 나도 모르게 성장한 내 모습을 볼 것이다.

요즘 나는 열등감을 주는 상대가 나타나면 이렇게 생각한다. '네 녀석의 잘난 점, 하나도 빠짐없이 흡수해주마! 낄낄낄.'

열등감의 크기가 나를 Level-up 시키는 경험치라 생각하니 정말 반가웠다. 그리고 진짜 마음이 편해진다. 지금 내가 다양한 일을 하며 성장할 수 있었던 이유도 열등감을 잘 활용했기 때문이라 생각한다.

자신을 가장 빨리 변화시키는 방법은

당신이 되고 싶은 모습을 하고 있는

사람들과 어울리는 것이다.

−리드 호프만−

PART

IV

엄마

엄마가 말씀하셨다.

"넌 어렸을 때 진짜 답이 없었다."

맨날 길바닥에 드러눕고 울고 불며 난리 치는 그런 아이였다고 한다. '내가 그 당시 그렇게까지 떼쓰고 난리 쳤나…' 싶다가도 혼나고 맞은 기억은 잘 나는 것을 보니 꽤 사고치고 다녔나 보다.

당시 우리 집 국보인 '사랑의 회초리'가 있었는데, 엄마가 그 무기를 드는 순간에는 X됐다는 것을 알 수 있었다. 당시 사고 치기를 밥 먹듯이 하는 나였고, 그 때문에 종종 무기를 들었던 엄마의 모습을 볼 수 있었다.

"몇 대 맞을래?"

이 말은 굉장한 심리전을 요구하는 질문이기도 했다. '한 대요….' 이렇게 말하기에는 양심 없어 보였다. '열 대요….' 이러기에는 뒤질 것 같아서 평균적으로 3~5회를 부르곤 했다. 그렇게 사랑으로 다져진 후 엄마는 나를 항상 위로해 주셨다. 맞을 때는 엄마가 밉고, 원망스럽다가도 나중엔 누그러지곤 했다.

시간이 지나 중학생이 되었다. 사춘기가 찾아오면서 과거와는 다르게 이젠 엄마가 무섭지 않았다. 그러나 아버지는 무서웠기 때문에 내가 가진 불만을 온전히 엄마에게 털어놓았다.
집에 대한 불만, 학교에 대한 불만, 반찬 투정 등등 이러한 것들이 계속 생기다 보니 종종 엄마에게 선을 넘기도 하였다. 그런데도 엄마는 나를 항상 이해해주고 감싸주었다. 근데 그런 엄마가 하나뿐인 우리 엄마가 암에 걸려버렸다.

엄마가 무서웠다. 날 죽일까 봐 무서워했던 엄마가 이젠 죽을까 봐 무서웠다. 그동안 난리 치고 욕했던 내 모습이 너무나도 원망스러웠다.
항상 해바라기처럼 밝은 미소와 에너지를 보여주었던 엄마가 차가운 철 침대에 누워 시들시들하게 시들어가는 그 모습이 너무나 보기 힘들었다.

집에 가면 "아들 왔어~" 하고 반겨주었던 엄마가 "밥 묵어라~~" 소리치던 엄마가 이제는 없는 것이다. 유일하게 나를 받아주고 이해해주었던 엄마가 없으니 그 빈자리가 너무나도 컸고 힘들었다. 그 때문에 기도하며 엄마가 건강하게 돌아오기를 바랐다. 다시 밥을 차려주는, 나를 반겨주는 나의 엄마가 돌아오길 간절히 바랐다.

시간이 지났고 감사하게도 큰 문제 없이 엄마는 살아 돌아오셨다.

행복했다. 다시 투덜댈 수 있는 엄마가 있어서. 시들시들했던 꽃은 금세 피어올랐고 그 꽃은 다시 나를 품어주었다. 물론 엄마가 건강하게 돌아온 이후에도 자주 싸우며 치고받았다. 하지만 감사했다. 치고받고 울고 웃을 수 있는 엄마가 있어서….

고등학생이 되었다. 이때 유독 엄마에게 불만이 많았다. 예전에 엄마가 암으로 생사를 오갔건 말건 그것은 더는 중요하지 않았다.

매일 같이 똑같은 반찬에 국, 친구 집에 가면 맛있는 것을 맨날 먹고 오다 보니 자꾸 우리 집과 비교되어 집밥에 불만이 많았다. 또 보일러는 왜 이렇게 안 고치는지 뜨거운 물이 안 나와서 몇 주 심하게는 몇 달 동안 찬물로 샤워한 적도 있었다. 옷 한 벌 제대로 사준 적도 없어서 매일 똑같은 옷만 입고 다녔다.

"너는 왜 맨~날 똑같은 옷이냐?"

친구들이 놀리기도 했다. 이러한 일들이 쌓이다 보니 결국 엄마한테 크게 불만을 털어놓았다. 그 말을 들은 엄마는 "미안하다."라고 말씀하셨다. 그 순간 갑자기 모든 것들이 미안해졌다.

진심이 아니었다. 물론 고쳤으면 했고, 나아졌으면 했다. 맛있는 집밥을 먹고 싶었고 따뜻한 물로 샤워도 하고 싶었으며 좋은 옷 한번 입고 싶었다. 그러나 엄마에게 상처를 주고 싶은 마음은 없었다.

내가 지금까지 투정 부리고 징징거렸던 것들이 엄마에겐 상처가 될 수 있다는 사실을 간과하고 있었다. 정말 죄송한 마음이 들었다. 해준 것도 없고 그냥 맨날 징징대기만 했던 내 모습이 너무 한심했고 그동안 이런 내 모습을 받아주었던 엄마가 고맙기도 했다. 이때부터 조금씩 철이 들기 시작했다.

스무 살이 되었다. 성인이 되고 나서부터는 단 한 번도 엄마와 싸운 적이 없다. 엄마는 가끔 이런 말을 하신다.

"예전에는 그렇게 날 힘들게 하더니 이젠 힘이 나게 하네, 사랑해 우리 아들~"

"에이~ 뭐 별거 아냐."

멋쩍은 웃음으로 넘기지만 사실은 정말 고맙고 미안하고 사랑한다고 말하고 싶었다. 지금은 솔직하게 서로의 마음을 표현하고 친구처럼 지내는 모자가 되었다. 감사하다. 지금까지 건강하게 살아계셔서, 앞으로도 평생 건강하셨으면 좋겠다.

요즘은 엄마와 밤에 산책을 자주 한다. 산책할 때 항상 카페에서 차나 커피를 테이크아웃 해간다.
"어우 돈 아끼라. 너무 사치 아이가~" 하다가도 막상 사드리면 "야아~ 따듯하고 좋다." 하며 좋아하시는 모습을 볼 수 있다.
하지만 가끔은 두려웠다. 언제나 밝게 웃는 엄마지만 이미 암에 한 번 걸렸는데, 다음에는 더 큰 병이 찾아올 수도 있겠다고 생각하니 걱정되었다. 살아계신 동안 최선을 다해 엄마와 행복한 시간을 나누고 싶다.

비록 과거에는 서로 상처 주고 상처받으며 살아왔지만, 지금은 서로 믿어주고 힘이 되고 있다. 엄마는 지금까지 그리고 앞으로도 나의 삶의 롤모델이자 하나밖에 없는 나의 소중한 엄마다.

내가 성공을 했다면,

오직 천사와 같은 어머니의 덕이다.

-링컨-

아버지

엄마가 나의 마음을 돌보아 주는 존재였다면 아버지는 인생의 나침판 같은 존재였다. 엄마는 공감 능력이 뛰어나고 수용하는 마음이 넓으나 어떠한 일에 대해 방법을 제시하는 부분에서는 서툰 감이 있다. 그러나 아버지는 다르다. 언제나 가장 효율적이고 현명한 방법을 제시해 주셨고 그러한 아버지 덕분에 지금 내가 여기까지 올 수 있었다.

어렸을 때는 아버지가 엄마와 다르게 너무나도 커 보였다. 때문에 엄마한테 혼나는 것은 크게 무섭지 않았는데 아버지한테 혼나는 것은 정말로 무서웠다. 한 가지 사건이 있었는데 아직도 기억이 생생하다.

교회에서 유초등부 교육을 하는 시간이었는데, 나는 교육에 참여하지 않고 닌텐도 게임을 하며 놀고 있었다. 그러자 유초등부 선생님은 나에게 "게임 그만해야지!" 하셨고 나는 그 말을 무시한 채 계속 게임을 했다. 그러자 결국 선생님은 나의 게임기를 빼앗아가셨고 그것에 꼭지가 돌아버린 나는 선생님께 욕을 해버린 것이었다.

지금 생각하니 참 답도 없는 내 모습이었고 드럼통에 담겨도 합법이었을 만한 태도였다. 당시 너무나 철이 없었다. 이 소식은 결국 아버지에게 전해졌고 평소에 잘 혼내지 않는 아버지였지만 이번엔 쉽게 넘어가기 어렵다는 것을 어린 나였음에도 알 수 있었다.

혼낼 때 소리를 지르는 엄마와 달리 아버지는 말 한마디 없으셨는데, 그 때문에 항상 공기가 차가웠고 무서웠다. 엄마 앞에서 혼날 때는 바닥 타일 개수라도 새었지만, 아버지에게 혼날 때는 그냥 아무런 생각도 들지 않았다. 이 순간이 빨리 끝났으면 좋겠다는 생각만 들었다. 너무 무서운 나머지 나는 얼어붙었고 그런 나를 깨운 것은 아버지의 손바닥이었다. 지금 생각하면 참 맞을 만했지만, 그때는 너무 무섭고 속상했었다.

그렇게 아버지는 혼을 낸 뒤 자판기에서 코코아 한잔을 뽑아주셨고 아팠던 뺨을 뒤로한 채, 입안에 달콤한 코코아 향으로 마음을 달랠 수 있었다. 요즘 말로 아버지는 참 츤데레 스타일이셨다. 앞에서는 그렇게 차가운 모습을 보여주셨지만, 누구보다 따뜻한 사람이라는 것을 어린 나이에도 느낄 수 있었다. 엄마한테 혼날 때는 억울한 감정이 많이 들었는데, 이상하게도 아버지에게 혼날 때는 담담하게 받아들일 수 있었다.

시간이 지나 고등학생이 되어도 엄마는 무섭지 않았으나 아버지는 여전히 무서웠다. 하지만 전과 다르게 아버지에 대한 불만이 조금씩 생기기 시작했다.
주일에 놀러 나가지 못하게 하는 것과 돈을 못 쓰게 하는 것이 당시 불만이었는데, 불만이 있으면 바로 표출할 수 있는 관계인 엄마와는 달리 아버지는 무섭고 어렵다 보니 이러한 부분들을 쉽게 말하지 못했다.

그 때문에 문제가 생기면 몇 달 동안 서로 데면데면하며 기나긴 냉전 시기를 보낸 적도 있었다. 소통하지 않으니 괜한 오해와 미움만 쌓여서, 그 몫은 온전히 엄마가 받아들여야 했다.

하지만 나는 아버지와의 불편한 관계가 싫었고 그것은 아버지 또한 마찬가지였다. 아버지는 나에게 먼저 이야기하지 않으셨고 당시 나도 사춘기라 자존심이 세서 먼저 말할 생각은 없었다. 그러나 결국 아버지가 먼저 손을 내밀어주어 어색한 관계가 풀렸는데, 진작 이렇게 풀렸으면 얼마나 좋았을까 하는 생각이 들었다. 그리고 그동안의 아버지를 향했던 미움과 오해가 전부 풀렸다.

스무 살이 된 뒤 그토록 커 보였던 아버지가 점점 작아 보이기 시작했다. 나이 드시면서 외적으로나 내적으로 점점 작아지는 모습이 보였고 복합한 감정이 들었다.

평생 의지하고 싶었던 아버지가 점점 나이 들어가는 모습을 보이니 불안하기도 하며 가슴 아팠다. 그런데도 여전히 아버지는 내가 모르는 삶의 지혜를 갖고 계셨고 여전히 나의 나침판이시다.

나는 아버지를 여전히 존경하고 존중한다. 엄마와는 정말 친구처럼 지내고 때론 놀리고 비판하지만, 아버지는 그러고 싶지 않았다. 그동안 걸어오신 길과 나를 이끌어주신 과정을 생각하니 도저히 그럴 수 없었다. 아무리 작아지셨어도 여전히 내 마음속엔 가장 큰 가장이었다.

아버지가 행복했으면 좋겠다. 언제나 아버지의 행복은 우리로 시작해 우리로 끝났다. 얼른 성공하고 싶다. 아버지 여행 한번 보내드리게….

자기의 자식에 대하여

아는 아버지는 슬기롭다.

-셰익스피어-

감사

예전부터 나는 무언가를 받거나 원하는 것을 이루었을 때 감사함을 느꼈다. 부모님이 내 고집을 이해해주시고 응원해주셨던 질풍노도의 고등학교 2학년, 7수 끝에 제과제빵 자격증을 취득했던 고등학교 3학년, 주변 사람들의 도움으로 첫 음원을 발매했던 스무 살, 나는 감사함과 고마움을 느꼈다.

이처럼 좋은 일이 일어났을 때, 이로운 일이 일어났을 때만 감사함을 느꼈다. 하루 세끼 밥을 챙겨 먹는 것, 매일 밤 따뜻한 방 안에서 잠을 자는 것, 같이 공유하고 의지할 수 있는 사람이 있는 것, 그 모든 것이 당연하다고 생각했다. 매 순간 감사하게 살아가야 한다는 사람들의 말과 행동은 이해하기 어려웠다. 그러나 시간이 지나서 어른이 되고 내가 얼마나 감사하게 살아야 하는 사람인지 알 수 있었다.

스무 살, 코로나 때문에 대학교 온라인 수업으로 가지를 못해 시간을 어떻게 써야 할지 몰라 고민했던 시절이 있었다. 집에만 있기에는 너무나 허무한 시간이었고 뭐라도 하자는 마음에 이것저것 찾아보았다. 그 결과 SNS를 통해 어느 힙합 크루에 들어갈 수 있었고, 많은 음악인과 소통할 수 있었다. 이를 계기로 힙합 크루에서 공연도 하고 연습하며 행복한 시간을 보낼 수 있었다. 아마 고등학교 2학년 때 원했던 꿈을 미련 없이 모두 펼칠 수 있어서 그 모임이 너무나도 즐거웠던 것 같다.

또 SNS를 통해 모르는 사람과 작업을 하기도 했는데, 덕분에 좋은 곡을 만들 수 있었고 더 나아가 공연도 같이 올릴 뻔했지만, 내가 군대에 가는 바람에 아쉽게도 같이 하지는 못했다. 끝까지 함께 하고 싶었는데 무책임한 모습을 보여 당시 그분들께는 참 죄송한 마음이다.

그렇게 많은 사람을 만났고 그들의 연령대 또한 다양했다. 공통점이라면 음악을 좋아하고 음악을 사랑한다는 점, 사람들과 음악으로 소통하고 이야기하며 추억과 경험을 쌓은 것은 참 좋은 순간이었다.

그 사람들과 음악 이야기를 하면서 느꼈던 점 중 하나가 바로 감사였다. 지금까지 난 하고 싶은 일을 당연히 해야 한다고 생각했었고 그 일을 부모님이 이해해주시는 것도 부모로서 자식을 위한 당연한 배려라고 생각했다. 하지만 그것이 당연하지 않은 사람들도 많았다.

나중에 안 사실이지만 대부분의 주변 사람들은 어렵게 음악 활동을 하고 있었다. 내가 하고 싶은 순간에 언제든지 해왔던 음악이 누군가에게는 잠을 줄여가며 시간을 줄여가며 해왔던 음악이었다.

나에게는 응원해주는 사람이 있고 지원해주는 사람이 있는 반면에, 누군가는 눈치 보고 스스로 돈을 벌어가며 어렵게 음악활동을 해야 하는 사람도 많았다.

정말 부끄러웠다. 음악 하는 친구들이 작업실을 가지고 있는 것이 부러워 부모님께 작업실 갖고 싶다고 징징거렸던 내 모습이, 음악이 귀찮다고 시간을 낭비하며 하루를 허무하게 보냈던 내 모습이….

학생 때 새끼손가락을 다친 것이 나에게는 매우 큰 상처였다. 지금도 변함없는 사실이다. 그러나 아이러니하게도 다시 생각해 보면 새끼손가락만 다친 게 참으로 다행이라 생각하며 감사를 느낀다. 만약 새끼손가락뿐만 아니라 한 손이 아작났다면, 이렇게 책 쓰기도 어려웠을 것이다.

세상 만물 모든 것이 무조건 감사하다는 뜻은 아니다. 가끔은 내가 밉고 불행한 사람처럼 느껴지기도 한다. 그러나 그냥 지금 내 주변에 있는 소중한 사람, 좋아하는 일, 두 눈으로 보고, 두 귀로 듣고, 앞으로 꿈을 꾸며 나아갈 수 있는 시간이 있다는 것, 그 사실 만으로 다행이고 감사하다는 생각이 든다.

조금만 둘러보면 감사는 늘 주변에 넘쳐 난다. 감사한 마음을 가지고 지금 이 순간의 소중함을 발판 삼아 앞으로의 시련을 이겨나갈 것이다.

사람이 얼마나 행복한가는

그의 감사의 깊이에 달려 있다.

-존 밀러-

완벽

항상 완벽해지고 싶었다. 관심 있었던 것이 좋아하는 일이 되었고, 좋아하는 일은 잘하고 싶은 일이 되었고, 잘하고 싶은 일은 결국 완벽해지고 싶은 일이 되었다. 주변 사람들만 봐도 대부분 자신이 하는 분야에서 완벽해지고 싶어 한다. 당연한 인간의 욕심이고, 이러한 욕심은 우리를 더 발전시키며 때론 괴롭힌다.

한 분야에 정점인 사람, 즉 우리가 장인 또는 최고라고 부르는 사람들이 참 멋있다고 생각한다. 좋아하는 예술 활동을 하며 살아남는 사람들이 되기 위해서는 위와 같은 장인들이 되어야 한다고 생각했다. 가장 하고 싶었던 일인 음악으로 성공해 꼭 최고의 작곡가가 되어야겠다고 생각했다. 그리고 정말 완벽하게 곡을 쓰기 위해서 밤낮을 새기도 하고, 여러 사람에게 피드백도 받으며 열심히 노력했다. 하지만 내가 꿈꾸는 내 모습은 너무나도 멀어 보였다.

조금씩 완벽이라는 단어에 벽을 느끼기 시작하였고 음악이 점점 재미없어졌다. 취미로 음악을 시작했던 시절엔 이상한 곡을 쓰든, 화성과 박자가 틀리던 맞던 그저 재미있고 행복했다. 그냥 내가 내 음악을 만들었다는 사실만으로 너무 만족스럽고 뿌듯했다.

그러나 취미가 아닌 직업으로 음악을 시작하게 되었을 때는 완전히 다른 감정을 느꼈다. 이상한 곡을 쓰는 것이 아니라 대중적인 곡을 써야 했고, 화성과 박자가 알맞게 어우러지도록 음악을 만들어야 했으며, 이러한 부분들은 전과 다르게 나를 어렵게 만들었다.
물론 이 시점에는 당연히 음악에 대한 실력과 이해도도 높아졌지만, 세상에는 괴물들이 너무 많았다. 여전히 음악의 세계는 레드오션이고 '어떻게 음악으로 먹고 살아가야 할까?' 고민하며 피라미드 밑바닥에서 올라가려고 발버둥 치는 나를 볼 수 있었다.

음악의 길은 점점 더 어두워 보였고 '다른 일을 해보는 것은 어떨까?' 하는 생각이 들었다. 다행히 음악 외에도 관심 있는 분야는 많았고 어느 정도 경험도 있다는 생각이 들어 도전하는 것에 관해 부담이 없었다.

'어떤 일로 시작하면 좋을까?' 고민하던 중 스무 살이 되어 친구들과 술자리를 가진 적이 있었다. 누구는 알바를 시작했다는 이야기, 누구는 여자친구를 사귀고 싶다는 이야기, 그런 흔하고 일상적인 이야기를 하는 술자리였다. 그러나 시간이 지나 조금씩 대화의 소재는 줄어들었고 점점 분위기가 식는 찰나에 평소 즐겨 해왔던 마술을 보여주었다.

"와, 너무 신기하다! 진짜 마술사 해도 되겠는데?"
"어떻게 하는 거야? 너 정말 대단하다!"

친구들이 이런 긍정적인 반응을 보여주어 놀랐다. 그 외에도 여러 모임이나 사적인 자리에서 마술을 종종 하곤 하였는데 대부분 비슷한 반응을 보여주었다.

덕분에 한껏 마술에 뽕이 찬 나는 '신비롭고 매력 있는 마술로 사람들에게 재미와 행복을 주는 마술사를 해보는 것은 어떨까?' 하는 생각이 들었고 그렇게 마술의 꿈을 키워보기 시작하였다.

마술을 공부하며 여러 새로운 마술도 배워보고 다양한 마술사들도 만나본 결과 '내 주변 사람들이 참 고마운 사람들이구나!' 깨달을 수 있었다. 주변 사람들에겐 잘한다고 칭찬 듣는 나였지만, 실제 그 세계를 조금 다가가니 진짜 마술사 앞에서 나는 그저 새 발의 피였다.

마술은 생각보다 더 복잡하였고, 공부해야 하는 것들도 너무 많았다. 관객을 상대하는 법부터 테크닉, 무대 연출, 조명, 음향 등 신경 써야 하는 부분이 너무나도 많았다. 특히 마술은 음원이나 외주처럼 비대면으로 수익을 낼 수 있는 음악과는 달리 사람과 대면하는 것이기 때문에 환경에 영향을 많이 받았다.

더구나 코로나가 터지고 마술사들의 어려운 모습을 보게 되면서, '이런 상황에 제대로 공부가 되지 않은 채 내가 마술사를 꿈꾼다? 차라리 내가 비둘기가 되는 게 더 현실적이겠다.'라는 생각이 들 정도로 막막하였다.
아마추어와 프로의 차이는 너무나 컸고, 다른 분야에 비해서 마술은 유독 더 심했던 것 같다.

'마술은 내 길이 아닌갑다~.' 싶어 다른 것도 시도해 보았지만, 결국 다 똑같았다. 음악뿐만이 아니라 어떠한 분야에서도 공부해야 하는 것들은 너무 많으며 잘하는 사람들도 너무 많았다.

결국, 현실을 받아들였다. '완벽함을 꿈꾸는 것은 행복에 도달하기 위해 끝이 보이지 않는 불행을 달리는 것'이라고, 나에게는 너무나도 어렵고 맞지 않는 방법이었고 다른 방법을 찾아볼 필요가 있다고 생각했다.

방법을 찾기 위해 책도 읽어보고 부모님께 고민 상담도 받아 보았다. 책에서도 부모님도 공통으로 해주었던 말이 완벽할 필요는 없다는 것이었다. 그리고 이 세상은 계속해서 변해가고 있다는 사실이었다.

가만히 생각해 보니 이해가 되었다. 음원 차트만 보아도 1등은 계속해서 바뀐다. 유행은 결국 지나가고 영원한 최고는 존재하지 않는다. 그런 불안한 최고가 될 바에는 오히려 뚜렷하고 개성 있는 내가 되는 것이 더 좋지 않을까?

요즘은 한 가지 일로만 먹고 살아가는 시대가 아니라고 한다. 요리에 재능이 있는 사람들은 많지만, 모두가 요리사라는 직업을 갖지는 않는다. 요리 잘하는 사람 중에서도 글을 잘 쓰는 사람이라면 요리 관련된 책을 쓰는 작가가 될 수 있고, 만약 말을 잘하는 사람이라면 요리를 알려주는 강사가 될 수 있다. 이처럼 요리 하나를 가지고 다양한 일과 직업을 가질 수 있다.

내가 꿈꾸는 음악도 마찬가지라고 생각한다. 음악을 완벽하게 하지 못하더라도 어느 정도 수준이 있다면 다른 재능을 추가해 여러 가지 일을 할 수 있다.

에너지가 넘치며 사람들의 분위기를 끌어낼 줄 안다면 DJ가 될 수 있고, 영상에 대한 이해도와 연출에 관심이 있다면 영상 음악을 할 수도 있다. 우리가 흔히 보는 아이돌도 노래와 춤을 동시에 하는 직업이며 더 나아가 연기까지 하는 뮤지컬 배우도 있다.

뿐만 아니라 플랫폼과도 연관 지을 수 있는데 유튜버들만 보아도 요리 유튜버, 뷰티 유튜버, 영어 유튜버 등 자신이 가지고 있는 직업에 콘텐츠를 접목해 만드는 모습을 볼 수 있다.

코로나가 창궐함과 동시에 강사나 교육자들도 영상매체를 통해 온라인 강의를 하며, 이제는 꼭 시중에서 책을 구매하지 않아도 출판 제작비 없이 전자책을 통해 인터넷으로 출판하는 것도 가능하다.

우리는 그동안 한 가지를 꼭 잘 해야 살아남을 수 있다고 생각했고, 나 역시 그렇게 살고 싶었다. 하지만 그 길은 너무나도 어두웠다. 비록 완벽하게 할 수 있는 것은 없지만, 내가 가진 다양한 재능을 통해서 나라는 존재가 조금씩 성장하고 성숙한다면 그 또한 상당히 괜찮다고 생각한다.

내가 만든 음악에 내가 춤을 추고, 그 모습을 영상에 담아 하나의 작품으로 만든다고 생각하니 순간 너무 설레고 기대되었다. 그리고 무언가를 하는 것이 부담되지 않았고 즐거웠다.

생각을 바꿨다. 완벽한 내가 아닌 완성된 내가 되기로!
무엇을 해도 최고가 될 수 없고 완벽할 수 없다고 느꼈지만, 무엇이든지 도전하면 인정받을 수 있는 수준이 된다고 느꼈다. 전문가들이 보기에는 내 음악이나 마술이 부족해 보일 수 있다. 하지만, 주변의 일반적인 사람들은 내 음악이나 마술을 듣기 좋고, 보기 좋다고 느낀다. 내가 보여주고 들려주고 싶은 대상은 극소수의 전문가가 아닌 다수의 일반인이다. 따라서 내가 가는 길이 부담된다고 느끼지 않으며, 잘못되었다고도 생각하지 않는다.

이제는 완벽이란 벽을 신경 쓰지 않으니 벽 너머에 있는 더 가치 있고 소중한 것들을 볼 수 있었다. 다시 돌아가 완벽하기 위해서 힘쓰고 괴로워했던 나에게 말해주고 싶다.

"그동안 고생했어!"

완벽을 두려워하지 말라.

어차피 완벽에 도달하지 못한다.

-살바도르 달리-

재능

누구나 자신에게 잘 맞는 재능과 일이 있다. 어떤 이는 미적 감각이 뛰어나며 어떤 이는 운동 신경이 뛰어난 것처럼 각자 타고난 재능이 있다.

그러나 미적 감각이 뛰어나다고 꼭 미술을 해야 하는 것은 아니며, 운동 신경이 뛰어나다고 운동선수를 하는 것도 아니다.

반대로 미적 감각이 없어도 미술을 할 수 있고 운동 신경이 없어도 운동선수를 하는 모습을 종종 볼 수 있다.

나 역시 음악을 직업으로 삼고 있지만, 음악에 재능이 있다고 생각하지는 않는다. 하지만 사람들은 '너 음악에 재능이 있구나!'라고 한다. 왜일까?

처음에는 내가 정말 재능이 있다고 생각했다. 내 음악을 사람들에게 들려주면 '너무 좋다.'고 말해주었고, 나 역시 내 음악이 나쁘지 않다고 생각했기 때문이다. 자신감을 얻어 작업한 곡들을 모아 'LIGHT'란 예명으로 앨범을 내고 사람들에게 홍보했을 때도 모두 비슷한 반응을 보여주었다.(현재는 본명 윤경민으로 활동 중이다.)

주변에서 앨범을 내면 얼마 정도의 수익이 생기냐고 물어보곤 했다. 그럴 때마다 250 정도 번다고 했다. 모두가 부러워했지만, 뒤에 원을 붙이자 다들 안타까워하는 마법을 볼 수 있었다.

사람들은 내 노래가 좋다고 했지만, 통장 잔고에 찍히는 월 250원의 음원 저작권료는 진실을 알려주었다. 나름대로 홍보도 열심히 했고, 나 자신도 많이 들었지만 250원가량의

스무 살, 내 감정의 빛

저작권료가 나온다는 것은 다수의 사람이 듣지 않는다는 것이었다.

내 음악을 좋다고 해주면서 왜 정작 듣지는 않는 걸까? 사람들에게 들었던 말들은 그저 응원이었던 것일까? 의문이 들었다. 그렇다면 정말 내가 좋은 곡을 만드는 것도 아니고 재능도 없는데, 왜 사람들은 재능이 있고 잘한다고 말해주는 것일까?

나는 일종의 배려라고 생각했다. 만약 요리를 전공하는 친구가 음식을 만들어 주었는데 맛이 없다고 "와, 베어그릴스도 손사래 칠 맛인데?" 이렇게 말할 수 있을까? 오히려 "와, 이거 독특하다. 새로운데?" 이런 식으로 최대한 돌려서 말하는 경우가 대부분일 것이다. 그래서 오히려 필터링 없이 직설적으로 말해주는 친구가 고마울 때도 있다.

직설적인 말에 상처는 받을 수 있지만, 현실을 직시하고 문제점을 찾을 수 있도록 도와준다.

다른 경우로는 잘 모르는 분야이기 때문에 쉽게 말하지 못하는 것이다. 나는 미술에 대해서 잘 모른다. 하지만 내가 좋아하는 그림과 좋아하지 않는 그림은 확실하게 알고 있다. 캐릭터 또는 풍경을 그린 일러스트는 좋아하지만, 현대미술은 좋아하지 않는다.

다른 그림들과는 다르게 지저분하고 무언가 불쾌한 기분이 들어 처음에 현대미술 작품을 보았을 때 '도대체 이런 그림을 왜 사람들이 좋아하는 거지?'라고 생각했다.

그러나 그림의 의미가 어떤 의미인지 모르니 쉽게 말할 수 없었다. 이처럼 내가 좋아하지 않는 것을 쉽게 부정할 수 없는 이유는 내가 그것들에 대해서 정확하게 알지 못하기 때문이다.

나는 이해할 수 없지만 다른 사람들은 멋진 작품이고 가치가 있다고 말하니 그런갑다 하며 넘어가는 것이다.

이러한 이유로 사람들은 나에게 달콤한 말을 해준 것이고, 그 달콤한 말에 내가 안일했다고 생각한다. 물론 그들이 해주었던 칭찬과 인정이 싫다는 것은 절대 아니다. 오히려 나를 생각해주고 배려해줬다는 것에 대해 고마운 마음이 들었다.

하지만 가장 싫었던 것은, 그동안 내가 재능이 있고 잘하고 있다고 생각했던 나 자신이었다. 재능이 있으니 '열심히만 하면 성공하겠지.' 하고 생각했던 내가, 과연 음악이 내 재능이 아니라면 내가 정말 잘할 수 있는 것은 뭘까? 내가 가지고 있는 타고난 재능이 있을까? 이런 생각에 혼란스러웠다.

고등학교 3학년, 제과제빵을 배우던 시절, 친구들 모두가 같은 수업을 듣고 같은 시간을 보냈지만, 다 같은 빵을 만드는 것은 아니었다. 물론 누구는 집중을 잘했고 누구는 집중을 잘 안 했을 수도 있다.

하지만 아이러니하게도 집중을 잘 하지 않고 수업에 불성실한 친구가 오히려 더 좋은 빵을 만들었고, 잘 집중하고 열심히 하는 친구인데도 좋은 빵을 만들지 못하는 경우가 있었다. 사람마다 타고난 재능과 잘 맞는 일이 서로 다르다 보니이러한 경우가 생기는 것이다.

나는 노력한 것에 비해서 좋은 결과를 얻지 못하는 쪽에 속했다. 보통 한두 번 많으면 세 번이면 따는 자격증 시험을 일곱 번까지 보았다. 아마 한국인력산업공단(자격증회사) 문짝 하나는 내가 달았다고 해도 과언이 아닐 것이다. 이처럼 똑같은 일을 시작해도 쟤가 나보다 더 잘하는 모습을 볼 때, 현타가 크게 왔었고, 요즘 흔히 말하는 '재능충'이 너무 부럽고 배 아팠다.

이런 상대방에 대한 열등감과 질투심은 내게 가까울수록 더 커지는 것을 볼 수 있었다. 음악을 얼마 시작하지 않은 친구가 어느새 나보다 더 잘하는 것을 보았을 때는 제과제빵 때보다 더 큰 상실감과 무력함을 느꼈다. 내가 잘하고 싶은 일과 분야에서는 더 예민하고 깊게 받아들이는 것이었다. 그때문에 남과 비교하는 것이 절대 좋은 일이 아니라는 것을 알면서도 계속 비교하며 나를 깎아내렸다.

재능있는 사람들을 보며 매 순간 생각했다. 그래서 도대체 내 재능은 무엇인가.

누구는 손재주가 뛰어나고 누구는 음감이 뛰어나며 누구는 신체가 뛰어났다. 하지만 나는 뭐 하나 뛰어난 것이 없었다. 그런데도 여전히 재능이 있다는 말을 들었다. 그저 취미로 시작한 마술이, 엄마의 추천으로 시작했던 글쓰기, 혼자 유튜브 한다고 공부했던 영상편집, 고등학교 3학년 때 학교 공부가 하기 싫어 시작했던 위탁 교육 제과제빵, 언제나 잘하고 싶었던 음악까지.

많은 사람이 재능이 있다고 말해주었고, 마침내 한 가지 사실을 깨달았다. 맞다. 난 재능이 있었다. 타고난 것은 없었지만 재능은 있었다. 타고난 것은 태생부터 가지고 있는 천부적인 능력이라면 재능은 노력만 한다면 만들 수 있는 능력이었다.

그동안 나는 재능 있는 사람들을 보면 당연히 타고난 사람이라고 생각했었다. 하지만 그것은 그 사람이 노력한 결과이지 타고나서 가능한 것이 아니었다. 그리고 생각했다. 지금까지 사람들이 내게 말했던 재능은 내가 타고났고 남들보다 잘한다는 뜻이 아니라, 그동안 노력했고 그 노력의 결과에 대한 인정일 수 있겠다고….

하고 싶은 일이 많았다. 남들은 여러 가지 일을 하는 것이 오히려 나를 방해하는 것이라고 말했지만, 그래도 하고 싶은 일이 있으면 모두 하고 싶었다.

"어떻게 그렇게 많은 일을 할 수 있는 거냐?"
"좋아하는 일을 하다 보니 그렇게 됐어."

음악을 하다가 지치면 춤으로 힐링하고, 춤을 추다가 지치면 글을 쓰며 힐링한다. 그리고 글을 쓰다 지치면 영상을 만들어 보고 영상을 만들다 지치면 다시 음악을 한다. 한 가지 일을 오래 하는 것은 정말 힘들지만 다양한 일을 계속해서 하는 것은 나에겐 그다지 어려운 일이 아니다.
다양한 일을 계속해서 할 수 있는 능력, 어떠한 일에 대해 호기심이 많은 것, 그것이 어쩌면 내가 타고난 재능일 수 있겠다는 생각이 들었다.

결론적으로 재능은 만드는 것이다. 타고난 소질이 없어도 내가 노력만 한다면 언제든지 만들 수 있다.
나는 박효신이나 신용재처럼 고음을 내는 것은 불가능하다. 하지만 그들처럼 10시간 노래 연습을 하는 것은 절대 불가능한 일이 아니다. 단지 어려운 일이지 절대 불가능한 일이 아니다. 가수들은 이렇게 꾸준히 연습하고 그들이 노력해서 만들어낸 결과로 노래를 잘하는 것이지 태생적으로 정해진

스무 살, 내 감정의 빛

결과는 아니다.

자신이 잘하는 것이 없고 무엇을 해야 할지 모르겠다고 방황하는 친구들을 많이 보았다. 그런 친구들을 볼 때마다 항상 뭐라도 시작했으면 좋겠다고 말한다. 시작조차 하지 않는다면 자신의 타고난 재능이 무엇인지 또는 잘하고 싶은 재능이 무엇인지를 알 수 없기 때문이다.

아무리 좋은 원석을 가지고 있더라도 그것을 깎아내지 않는다면 보석이 되지 않는다. 자신이 가지고 있는 보석이 금인지 은인지 모르기에 더욱더 까봐야 할 필요가 있다.

만약 우연히 긁지 않은 복권을 발견한다면 아마 사람들은 복권을 긁어 볼 것이다. 모두가 그 복권이 꽝일 것이라는 것을 알지만 혹시나 다이아몬드가 나올 수 있지 않을까 하는 마음에서다.

이처럼 우리도 자신이 어떠한 원석을 지니고 있는지 모른다. 자신의 원석이 무엇인지도 모른 채 살아간다면 너무나도 아깝지 않을까? 나도 내가 무엇을 타고났는지 몰랐고, 그렇기에 이것저것 하고 싶은 일을 찾아 잡히는 대로 해왔던 것 같다. 그러다 보니 정말 나한테 잘 맞는 재능을 찾을 수 있었다. 누군가 나에게 이런 질문을 한다면 이렇게 대답할 것이다.

"혹시 잘 하는 일이나 재능이 있나요?"
"재능을 만드는 일이요."

자신을 내보여라.

그러면 재능이 드러날 것이다.

-발타사르 그라시안-

비교

어떤 물건이 더 저렴하고 효율적인지, 어떤 음식이 더 맛있고 가성비가 좋은지, 어떤 직업이 나에게 맞고 어울리는지 등 언제나 비교하며 살아가는 우리들의 모습을 본다. 이러한 비교를 통해서 우리는 더 나은 선택을 할 수 있고, 이러한 선택은 더 좋은 결과를 가져오기도 한다.

다른 경우로는 사람이 있을 수 있다. 이 사람이 저 사람보다 더 예쁜지, 이 사람이 저 사람보다 더 돈이 많은지, 이 사람이 저 사람보다 더 잘하는지 등등. 하지만 이러한 비교는 꼭

스무 살, 내 감정의 빛

좋은 비교라고 말하기는 어렵다.

나는 사람에 대해서 비교를 참 많이 했다. 가장 많이 했었던 비교는 아무래도 외모이다. 한창 꾸미고 잘 보이고 싶었던 학창 시절, 키 크고 잘생긴 친구들을 볼 때마다 스스로 위축되며 자괴감이 들었고, 내가 굉장히 매력 없고, 부족한 사람처럼 느껴졌다.

시간이 지나 성인이 되었을 때 외모보다는 능력에 초점이 맞추어졌다. 특히 같은 분야에서 일하는 사람을 만나면 꼭 그 사람의 능력과 나의 능력을 비교하곤 하였다. 나보다 더 실력 있고 잘난 사람이면 질투와 함께 자괴감이 찾아왔고, 나보다 더 실력 없고 못난 사람이면 안정과 함께 우월감이 찾아왔다.

그 외에도 상대방을 기준으로 비교하며 나의 가치를 매겼고, 그로 인해 '나 정도면 잘하고 있고 훌륭한 거지!', '하…, 나는 왜 이렇게 답이 없을까.' 처럼 줏대 없는 가치관을 가지며 살아가게 되었다.

한번 곰곰이 생각해 보았다. 과연 타인을 기준으로 나 자신을 비교하는 것이 나에게 좋은 영향을 줄까?

내가 남보다 잘나면 거만해지고, 남이 나보다 잘나면 위축되는 나 자신을 돌아보았을 때 비교하는 행위는 결코 나에게 좋은 영향을 주지 못한다는 사실을 깨달았다.

결국, 비교 대상을 바꾸었다. 남에서 나에게로! 이렇게 비교 대상을 바꾸고 나니 항상 타인만 바라보며 비교하던 내 모습이 아닌, 계속해서 나를 살피며 돌아보는 내 모습을 볼 수 있었다. 이러한 행위는 나 자신을 더 잘 이해하고 알아가는 시간이 되었다.

이제 내가 위축되거나 거만하게 되는 일도 거의 없어졌다. 예전에 만들었던 노래랑 최근에 만든 노래 중 최근에 만든 노래가 더 좋다면, 그것은 나에 대한 우월감이 아닌 성취감으로 돌아왔다. 반면 예전에 만든 노래가 최근에 만든 노래보다 좋다면, 그 역시 예전의 내 모습이기에 오히려 나 자신을 한 번 더 돌아보게 하고 위축되기보다 자신을 인정하는 모습으로 바뀌어 갔다. 그렇게 내가 이겨야 할 상대는 남이 아닌 과거의 내 모습이며, 나는 '어제보다 더 나은 내가 되기 위해' 노력하는 나로 바뀌어 갔다.

지금까지는 남과 나에 대한 비교였다면 이제는 남과 남에 대한 비교이다. 대체로 남과 남을 비교하는 행위를 하지 않는 사람은 없을 것이다.

"이 사람이 저 사람보다 더 잘생겼더라."
"야 쟤보다는 얘가 낫지."
"김 대리가 이 대리보다 일을 더 잘하더라."

사실 우리는 남과 남을 비교하는 것이 더 익숙하고 쉽다. 나 역시 군대에서 후임들을 보며 '쟤는 잘하는데 얘는 왜 저럴까?' 같은 생각을 했고, 같이 음악 하는 사람 중에서도 '쟤는 열심히 하고 잘하는데, 얘는 열심히 하지도 않고 실력도 없네.' 이런 생각도 했다. 그리고 참다못해 내 생각을 당사자한테 내뱉기도 했다. 조언이라고 생각한 내 발언을 통해 상대방의 기분이 나쁠 거라는 생각은 하지 못했다. 내가 직접 비교당하기 전까진….

말년에 상황이 꼬여서 훈련을 나갔는데 분대장으로서의 첫 훈련이었고, 정신없는 순간들이 많아서 실수와 문제들이 자꾸만 발생했다. 결국, 가장 큰 책임을 지고 있는 내가 혼이 났다. 그때 전역했던 전 분대장과 비교당하며 욕을 먹었었는데 그렇게까지 내가 비참하고 부끄러웠던 순간이 없었다. 남과 비교당하는 것이 얼마나 비참해지고 작아지는지 스스로 느낄 수 있었던 순간이었다. 그때 이후로 누군가에게 조언할 때는 남과 비교하지 않으려고 조심한다.

배움에 대한 비교, 효율에 대한 비교는 우리에게 좋은 점을 가져다줄 수 있지만, 그저 사람과 사람, 누가 더 잘났는지에 대한 비교는 결코 좋은 결과를 줄 수 없다. 이처럼 남과 나를 비교하기보다 나를 한 번 더 돌아봐 주는 마음, 남과 남을 비교하기보다 상대방을 한 번 더 생각해주는 마음이 되도록 노력하고 싶다.

부끄럽지 않고 부끄러움을 주지 않는 그런 사람이 되기 위해 오늘도 나는 어제의 나를 이겨나갈 것이다.

남과 비교하는 것은,

상대의 하이라이트 씬과

나의 비하인드 씬을 비교하는 것과 같다.

-테일러 앨리슨 스위프트-

끈기

~~~

어렸을 때부터 끈기가 없었다. 무언가를 시작하면 얼마 가지도 못하고 포기하는 것이 대부분이었다. 시간이 지나 현재까지도 한 가지 일을 꾸준히 하는 것은 참 어렵고 힘들다. 그러나 예전과 다르게 지금은 이루고 싶은 목표가 있고, 그 목표를 이루기 위해서는 끈기가 필요했다.

내가 현재 이루고 싶은 꿈은 글을 써서 책을 출간하는 것이다. 그러나 지금 글을 쓰는 이 순간이 너~무 싫다. '글을 쓰면서 어떻게 하면 더 재미있고 좋은 글을 쓸 수 있을까?' 같은 고민은 나를 성장시킴과 동시에 나를 괴롭혔다. 고민의 끝은 없었고 자꾸만 눈에 거슬리는 것들이 보였다.

'처음 쓰는 글이니 너무 완벽할 필요는 없지 않을까?'라는 생각이 들다가도 '처음이니까 더 완벽하게 해야 해.' 하는 생각이 들었다. 이런 생각들은 나를 더 혼란스럽게 만들었고, 점점 글쓰기가 싫어졌다.

무슨 내용을 써야 할지 어떤 이야기를 해야 할지도 잘 몰랐다. 처음에야 많은 스토리가 떠오르고 하고 싶은 말도 많이 생각났지만, 그것도 잠깐이었다. 시간이 지날수록 글이 떠오르지 않았고 떠오르지 않으니 글을 더 쓸 수가 없었다.

아이러니하다. 책을 내고 싶어서 글쓰기를 시작했는데 갑자기 글을 쓰기 싫다니…. 그렇게 글과 멀어지던 중 내가 오해하고 있었던 사실 하나를 발견했다.

그렇다. 난 글을 쓰고 싶었던 것이 아니라 책을 출판하고 싶었던 것이었다. 머리를 부여잡은 채 어떤 이야기를 할지 고민하고 맞춤법과 문장의 자연스러움을 확인하며 전체적인 구성을 만드는 괴로운 과정이 아닌 '내 이야기가 담긴 책을 출판하는 것' 그것이 바로 내가 원했던 꿈이자 하고 싶은 것이었다. 하지만 책을 출판하기 위해선 글을 써야 하는 괴로운 과정을 피할 수는 없었다.

'유레카!!' 할 만한 좋은 소재와 영감이 떠올라 글을 작성하면 좋겠지만 그렇지 않은 경우가 훨씬 많았다. 만약 그런 영감이 떠오를 때만 글을 쓴다면 글을 완성하기까지 정말 오랜 시간이 걸렸을 것이며, 심할 때는 글을 완성하지도 못했을 것이다.

처음에는 영감이 떠오를 때만 글을 썼다. 그것이 예술이고 그렇게 해도 된다고 생각했다. 하지만 글의 진도는 나아가지 못했고 결국엔 괴로운 과정을 거쳐야 한다는 것을 깨달았다.

좋은 몸을 가지고 싶은데 피곤하다고 운동을 안 하면 몸이 좋아질까? 절대 아니다. 그러나 피곤하고 귀찮아도 운동을 꾸준히 한다면 몸은 저절로 좋아질 수밖에 없다. 하기 싫어도 잘 안 되어도 끈기를 갖고 꾸준히 해야 한다. 그래야 내가 이루고 싶은 꿈을 이룰 수 있고 그 꿈은 더 소중해질 것이다.

'누구나 할 수 있지만 아무나 할 수 없다.'라는 말은 끈기의 중요성과 그 차이라고 생각한다. 나도 당장 힘들고 어려운 과정이라도 이겨내기 위해 계속해서 노력할 것이다. 그 노력의 증거가 바로 지금 여러분이 읽고 있는 이 책이다.

중요한 것은 꺾이지 않는 마음

-DRX 데프트 인터뷰 기사 중-

에필로그

갓 성인이 된 청년의 이야기를 들려주고 싶었습니다. 처음에는 두려웠습니다. '네가 뭔데 글을 써?' 인생 얼마 살지도 않은 어린 녀석이 쓴 글, 과연 좋은 영향을 줄 수 있을까…. 말도 안 되는 일이라 생각했습니다.

글 쓰는 과정도 너무 힘들었습니다. 이제 갓 스무 살의 인생에서 무슨 이야기를 써야 할지 몰랐습니다. 또 부족한 필력이 다른 책들과 비교되어 한동안 괴로워했습니다. 생각을 정리할 필요가 있었습니다.

스무 살, 내 감정의 빛

'내가 글을 쓰는 이유는 무엇인가?' 자신에게 질문을 던졌고 그 대답은 '나라는 사람을 세상에 보여주자!'였습니다. '비록 어릴 지라도 어리기에 쓸 수 있는 이야기가 있을 거야!'라며 그동안에 느낀 모든 것들을 적어 내리기 시작했습니다. 놀랍게도 쓰면 쓸수록 하고 싶은 이야기가 생겼고 지금의 글이 완성되었습니다.

물론 나의 글에는 아쉬운 부분도 많습니다. 경험이 부족하니 글의 구성도와 완성도도 떨어질 것이고, '과연 독자들이 내 글을 좋아할까?'라는 불안감도 생겼습니다. 때문에 초고를 다 쓰고도 몇 번을 돌려봤는지 모르겠습니다. 볼 때마다 마음에 들지 않는 부분이 계속 보였고 계속 수정했습니다. 심지어 '싹 다 갈아엎고 새로 쓸까?' 같은 극단적인 생각도 했습니다.

욕심이 생겼습니다. 유명한 에세이란 에세이는 다 뒤졌습니다. 그들의 필력을 최대한 따라가려고 했습니다. 또 주변 지인들에게도 피드백을 요청했습니다.

"야, 이거 엄청 유명한 작가랑 비교하면 어떤 거 같아?"

첫 책이니 완벽하게 하고 싶은 욕심이 있었고 베스트셀러랑 비교해도 부족하지 않은 책을 만들고 싶다고 생각했습니다. 그러나 글을 쓰던 중 문득 '내가 쓰고 싶은 글은 스무 살이 쓴 글'이지 '스무 살이지만 스무 살 같지 않은 글'은 아니라는 생각이 들었고 그래서 방향을 바꿨습니다.
'최고의 결과를 만드는 것이 아닌 최선의 결과를 만드는 것' 그냥 '내 힘으로 할 수 있는 최선의 작품을 만들자!' 이런 생각과 함께 갑갑한 군 생활을 의미 있게 보내고자 글쓰기를 시작했던 것이 지금의 〈스무 살, 내 감정의 빛〉입니다.

이 책이 나오기까지 응원해주신 선생님, 친구들, 부모님 그리고 이 책을 읽어주신 독자분들, 여전히 미숙하고 보잘것없는 저의 스무 살의 이야기를 함께해주셔서 감사합니다.

곡 쓰는 작곡가, 글 쓰는 작가, 세상의 빛을 내는 예술가 윤경민이 되기 위해 열심히 달려가겠습니다.